# PiA Heft 1/2007
# Persönlichkeitsstörungen

# Psychotherapie im Alter

Forum für Psychotherapie, Psychiatrie, Psychosomatik und Beratung

Herausgegeben von
Peter Bäurle, Münsterlingen; Johannes Kipp, Kassel; Meinolf Peters, Marburg/
Bad Hersfeld; Hartmut Radebold, Kassel; Angelika Trilling, Kassel;
Henning Wormstall, Schaffhausen/Tübingen

## Beirat

Beate Baumgarte, Gummersbach

Doris Fastenbauer, Wien

Peter Fischer, Wien

Nikolaus Grünherz, Hagen

Eike Hinze, Berlin

Rolf-D. Hirsch, Bonn

Johannes Johannsen, Köln

Ursula Koch-Straube, Bochum

Andreas Maercker, Zürich

Gertraud Schlesinger-Kipp, Kassel

Ulrich Schmid-Furstoss, Wuppertal

Roland Schmidt, Erfurt

Ursula Schreiter Gasser, Zürich

Gabriela Stoppe, Basel

Martin Teising, Frankfurt

Werner Vogel, Hofgeismar

Claus Wächtler, Hamburg

Dirk Wolter, Münster

Psychosozial-Verlag

P V

# Impressum

**Psychotherapie im Alter**
Forum für Psychiatrie, Psychotherapie,
Psychosomatik und Beratung

ISSN 1613-2637
4. Jahrgang, Nr. 13, 2007, Heft 1

ViSdP: Die Herausgeber; bei namentlich
gekennzeichneten Beiträgen die Autoren.
Namentlich gekennzeichnete Beiträge
stellen nicht in jedem Fall eine Mei-
nungsäußerung der Herausgeber, der
Redaktion oder des Verlages dar.

Erscheinen: Vierteljährlich

Hg: Dr. Peter Bäurle, Dr. Johannes Kipp,
Dr. Meinolf Peters, Prof. Dr. Hartmut
Radebold, Dipl.-Päd. Angelika Trilling,
PD Dr. Henning Wormstall

Die Herausgeber freuen sich auf die Ein-
sendung Ihrer Fachbeiträge! Bitte wen-
den Sie sich an die Schriftleitung:
Dr. Johannes Kipp, Esther Buck
Ludwig Noll Krankenhaus, Klinik für
Psychiatrie und Psychotherapie
Klinikum Kassel
Dennhäuser Straße 156, 34134 Kassel
Tel. 0561/48 04-0
Fax 0561/48 04-402
E-Mail: psychalter@yahoo.de

Übersetzungen
Keri Shewring

Umschlagabbildung
Das »Ich« im Gruppenbild

Anfragen zu Anzeigen bitte an den
Verlag:
E-Mail: anzeigen@psychosozial-verlag.de

Abonnentenbetreuung
Psychosozial-Verlag
E-Mail:
bestellung@psychosozial-verlag.de
www.psychosozial-verlag.de

Bezug
Jahresabo 49,90 Euro · 85,50 SFr
(zzgl. Versand)
Einzelheft 14,90 Euro · 26,80 SFr
(zzgl. Versand)
Studierende erhalten gegen Nachweis
25% Rabatt.
Das Abonnement verlängert sich um
jeweils ein Jahr, sofern nicht eine Abbe-
stellung bis zum 15. November erfolgt.

Copyright
© 2007 Psychosozial-Verlag. Nachdruck
– auch auszugsweise – mit Quellen-
angabe nur nach Rücksprache mit den
Herausgebern und dem Verlag. Alle
Rechte, auch die der Übersetzung, vor-
behalten.

Die Herausgabe der Zeitschrift wird
dankenswerterweise durch die
**Robert-Bosch-Stiftung** gefördert.
Die Herausgeber danken auch für die
Unterstützung durch die **Arbeitsgruppe
Psychoanalyse und Altern, Kassel.**

# Editorial

## Persönlichkeitsstörungen bei Älteren – Annäherung mit Widerständen

Sechzig Jahre und kein bisschen weise,
aus gehabtem Schaden nichts gelernt ...
*(Curt Jürgens 1975)*

So lautet der Refrain des populären Schlagers von Curt Jürgens, der im locker-resignierten Ton gesprochen, einen höchst beunruhigenden Aspekt des Alterns berührt. Immer die gleichen »Fehler« auch im Alter zu machen, an starren Mustern scheinbar unbelehrbar festzuhalten und dem Wiederholungszwang wie automatisch zu folgen scheint dem propagierten Wunschbild des aktiven, aufgeschlossenen älteren Menschen ebenso zu widersprechen wie dem Bild vom weisen Alten, der seine Lebenserfahrungen noch einmal reflektiert und an die nächste Generation weitergibt. Die Rede ist von jenen älteren Menschen, die meist ein Leben lang ›Reibungsflächen‹ boten, und sich auch im Alter nicht unter die beruhigenden Altersbilder subsumieren lassen, ja deren Persönlichkeitsstruktur im Alter manchmal sogar eine weitere Zuspitzung erfährt, wie sie gelegentlich in Karikaturen dargestellt wird. Diese Älteren wecken in uns allzu rasch ein Negativbild des Alters, das wir ansonsten überwunden zu haben glauben. Und auch die alten Distanzierungsreflexe werden wieder wach, plötzlich scheinen die Vorbehalte gegenüber einer Psychotherapie Älterer wieder wirksam zu werden.

Bei dem Thema Persönlichkeitsstörungen im Alter sehen wir uns in der Tat einem schwierigen Feld gegenüber, und manch einer mag sich an den Begriff des Altersstarrsinns oder antiquierte Persönlichkeits- und Psychopathiekonzepte erinnert fühlen, von denen schon Kurt Schneider (1943), einem der Gründungsväter der modernen Psychiatrie, sagte, sie kündeten vom Grenzgang zwischen empathischem Verständnis und moralischer Verurteilung. So haben wir bei diesen Patienten rasch das Gefühl, uns auf Glatteis zu begeben, uns im Dickicht der Kontroversen und Vorurteile zu verstricken oder im Sumpf konzeptueller und diagnostischer Unsicherheiten zu versinken. Dann aber laufen wir Gefahr, uns in ziellosem Aktionismus zu verlieren oder resignativ das Handtuch zu werfen.

Hinzu kommt, dass wir in dieser, von negativen Gegenübertragungsreaktionen geprägten Situation auch von der Wissenschaft im Stich gelassen werden und kaum Hilfestellungen erhalten, die es uns erleichtern würden, mehr Boden unter die Füße zu bekommen. In der Vergangenheit wurden wir mit der Behauptung vertröstet, dass Persönlichkeitsstörungen im Alter abgemildert seien oder seltener vorkommen (Tyrer 1988, Abrams 2000). Als Grund für diese scheinbar beruhigende, uns entlastende Botschaft wurde ein abnehmendes dynamisches Niveau, bzw. eine sich reduzierende Triebspannung angenommen. Doch ist darin mehr zu sehen als ein wissenschaftlich begründetes Gegenübertragungsagieren? Bei genauerer Betrachtung ist die angeführte Begründung eher zweifelhaft. Hat nicht die gerontologische Forschung, die sich auch mit der Entwicklung der Persönlichkeit im Alter befasst hat, nachgewiesen, dass diese relativ stabil bleibt, sieht man von einer Abnahme der Offenheit für Neues und einer Zunahme der Introvertiertheit einmal ab (Lehr 2000). Warum sollte das gerade bei einer pathologisch strukturierten Persönlichkeit anders sein? Und kennen wir nicht alle Ältere, deren Persönlichkeit unter den Zumutungen des Alters akzentuiert erscheint, die verschroben, vielleicht schrullig wirken, deren Einsamkeitsgefühle vielleicht Ausdruck einer lebenslangen Beziehungsstörung sind, und die das soziale Feld des Agierens ersetzt haben durch einen Umgang mit dem Körper, der einem solchen Agieren nicht unähnlich ist. Und haben wir nicht alle schon ältere Patienten erlebt, die so wahllos und missbräuchlich mit Medikamenten umgehen wie jüngere, persönlichkeitsgestörte Menschen andere Suchtmittel konsumieren?

Müssen wir also zur Kenntnis nehmen, dass Persönlichkeitsstörungen im Alter sich nicht auflösen, sondern allenfalls ihr Erscheinungsbild verändern, dieses vielleicht diskreter wird, weniger dem impulsiven, extravertierten Verhalten eines jugendlichen Patienten entspricht, sondern mehr altersspezifische Ausdrucksformen annimmt? Die Klassifikationssysteme für psychische Störungen lassen uns hier im Stich. Betrachtet man etwa die Kriterien für eine Borderline-Diagnose, so sind diese auf einen jungen Menschen zugeschnitten, ein gealterter Borderline-Patient lässt sich damit kaum beschreiben. Abrams (2000) hat diese Problematik eingehend diskutiert und vorgeschlagen, nach ‚geriatrischen Äquivalenten' Ausschau zu halten, um altersveränderte Erscheinungsweisen von Persönlichkeitsstörungen erkennen und diagnostizieren zu können, solange keine altersspezifischen Diagnosekriterien zur Verfügung stehen. Wenn wir in dieser Weise unseren Blick schärfen, werden wir möglicherweise erkennen, dass sich hinter Diagnosen wie Demenz, Depression, psychosomatischen Störungen oder Suchterkrankungen nicht selten unerkannt gebliebene Persönlichkeitsstörungen verbergen.

Die allmählich wachsende Akzeptanz der Psychotherapie älterer Menschen sollte auch die Gruppe Älterer mit Persönlichkeitsstörungen einbeziehen. Doch dazu bedarf es einer intensiveren Beschäftigung mit den angeschnittenen Fragen und Problemen. Hierzu ist nicht nur mehr empirische Forschung vonnöten, die die Wandlung der Störungsbilder im Alter untersucht und uns Erklärungsmodelle an die Hand gibt. Ebenso bedarf es einer Diskussion der therapeutischen Fragen; wir sind aufgefordert, unsere klinischen Erfahrungen mit diesen Patienten, die uns zweifellos oftmals besonders herausfordern, darzustellen und zu reflektieren, um gemeinsam daraus lernen zu können. Hierzu wollen wir mit diesem Heft beitragen und damit Mut machen, auch gegenüber dieser Gruppe bestehende Vorbehalte und Ängste zu überwinden.

*Bertram von der Stein und Meinolf Peters*

## Literatur

Abrams RC (2000): Persönlichkeitsstörungen im Alter: Zusammenhänge zwischen Cluster B-Störungen und Depression. In: Kernberg OF, Dulz B, Sachse U (Hg) Stuttgart (Schattauer) S. 803–810.

Lehr U (2000). Psychologie des Alterns. Heidelberg (UTB). (9. Auflage).

Schneider K (1943) Die psychopathischen Persönlichkeiten. Wien (Deuticke).

Tyrer P (1988) Personality disorders: Diagnosis, Management and Course. London (Wright).

Korrespondenzadresse:

Dr. med. Bertram von der Stein
Quettinghofstr. 10a
50769 Köln
E-Mail: *Dr.von.der.Stein@netcologne.de*

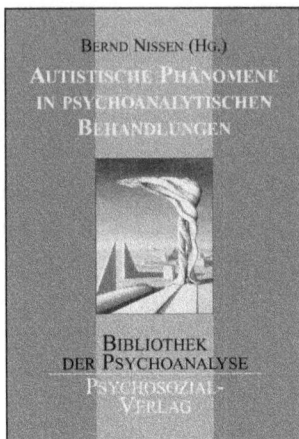

BERND NISSEN (HG.)

AUTISTISCHE PHÄNOMENE
IN PSYCHOANALYTISCHEN
BEHANDLUNGEN

BIBLIOTHEK
DER PSYCHOANALYSE

PSYCHOSOZIAL-
VERLAG

ANNE SPRINGER,
ALF GERLACH,
ANNE-MARIE SCHLÖSSER (HG.)

STÖRUNGEN DER
PERSÖNLICHKEIT

BIBLIOTHEK
DER PSYCHOANALYSE

PSYCHOSOZIAL-
VERLAG

*2006 · 328 Seiten · Broschur*
*EUR (D) 29,90 · SFr 52,–*
*ISBN 3-89806-545-6 · 978-3-89806-545-0*

Psychogen autistische Phänomene spielen
eine immer größere Rolle in der psychoanalytischen Behandlung nicht autisti-
scher erwachsener Patienten, insbesondere in der Dynamik pathologischer Organisationen und seelischer Rückzüge. Die
Beiträge bieten einen Überblick über den
Stand der internationalen Diskussion zum
Thema »Autistische Phänomene in psychoanalytischen Behandlungen«. Neben einer
allgemeinverständlichen Einführung und
der Vorstellung aktueller kinderanalyti-
scher Ansätze werden in zahlreichen Fall-
beispielen autistische Phänomene bei
unterschiedlichsten Psychopathologien untersucht, z. B. bei Borderline-Störungen,
dem Als-Ob-Syndrom, Essstörungen und
Hypochondrie. Erstmals erscheint hier
auch die grundlegende Arbeit von Sydney
Klein »Autistic phenomena in neurotic
patients« in deutscher Übersetzung.

*2006 · 488 Seiten · gebunden*
*EUR (D) 36,– · SFr 63,–*
*ISBN 3-89806-263-5 · 978-3-89806-263-3*

Welche Möglichkeiten der Diagnostik und
Behandlung gibt es für Menschen mit
Persönlichkeitsstörungen? Wie können
diese im Dialog mit anderen Behandlungskonzepten optimiert werden? Die analyti-
sche Psychotherapie mit Patienten, die unter
einer schweren Charakterpathologie dieser
Art leiden, verlangt häufig Modifikationen
der Behandlungstechnik.

Die versammelten Beiträge geben einen
höchst informativen Einblick in die aktuelle
Diskussion in der Psychoanalyse zu Fragen
der Theorie, Diagnostik, Indikationsstellung
und Behandlungsplanung unter Einbezie-
hung zeit- und kulturgeschichtlicher Aspekte
und im Dialog mit Behandlungskonzepten
der Verhaltenstherapie.

P⬚V
**Psychosozial-Verlag**

Goethestr. 29 · 35390 Gießen · Tel. 06 41/ 9716903 · Fax 77742
bestellung@psychosozial-verlag.de
www.psychosozial-verlag.de

# Persönlichkeitsstörungen im Alter – Ein Blick in die Forschung

*Norbert Hartkamp (Boppard)*

## Zusammenfassung

Der Forschungsstand zur Frage der Persönlichkeitsstörungen im höheren Lebensalter ist insgesamt fraglos unbefriedigend. Die vorhandenen Befunde legen die Annahme nahe, dass Persönlichkeitsstörungen besonders des DSM-Clusters B eine Tendenz haben, im höheren Lebensalter symptomatisch zurückzutreten. Persönlichkeitsstörungen weisen insgesamt im Langzeitverlauf eine weitaus größere Veränderlichkeit auf, als bisher vermutet wurde. Neuere Studien legen nahe, dass es sinnvoll ist, von der kategorialen Betrachtung der Persönlichkeitsstörungen zu einer dimensionalen Betrachtung überzugehen. Die Frage nach den Persönlichkeitsstörungen im höheren Lebensalter wird so verkoppelt mit der Frage nach der Veränderung von Temperamentsfaktoren, Persönlichkeitszügen und traits über die Lebensspanne hinweg. Sie wird wohl nur eine Beantwortung finden, wenn persönlichkeitspsychologische und entwicklungspsychologische Aspekte des höheren Lebensalters mit den klinisch-psychotherapeutischen Perspektiven verbunden werden.

**Stichworte:** Persönlichkeitsstörungen, Alter, Langzeitverlauf, Übersicht, Diagnostik, trait-Merkmale

## Abstract: Abstract: Personality Disorders in Old Age – A Glance into Research

The current state of research on personality disorders in the elderly is unsatisfactory. However, the available evidence suggests that symptoms of personality disorders esp. of DSM-Cluster B tend to lessen with aging. Generally, long-term observations of personality disorders show a far larger variability than was previously assumed. Recent studies suggest that it might be reasonable to replace DSM's and ICD's present categorical approach to personality disorders with a dimensional one. The question of how personality disorders change while aging becomes connected to the question of how personality traits and temperament can change during the life span. Specific approaches to personality disorders in the elderly will require that insights from personality and developmental psychology of the elderly are connected to clinical and psychotherapeutic perspectives.

**Key words:** Personality disorders, old age, long-term outcome, literature overview, diagnosis, trait-markers

# Einleitung

Auf den ersten Blick könnte man versucht sein anzunehmen, Persönlichkeitsstörungen im Alter bedürften keiner gesonderten Betrachtung. Dies legt zumindest die Definition des diagnostischen Konstrukts »Persönlichkeitsstörungen« nahe, wie sie im DSM-IV (American Psychiatric Association 1994) oder der ICD–10 niedergelegt sind. Hier werden als »Persönlichkeitsstörungen« verschiedene tief verwurzelte Verhaltensmuster bezeichnet, die sich in starren Reaktionen auf unterschiedliche persönliche und soziale Lebenslagen zeigen. Diese Verhaltensmuster sind durch charakteristische Eigenheiten im Wahrnehmen, Denken und Fühlen und in der Beziehungsgestaltung gekennzeichnet. Sie sind meist über längere Zeiträume stabil und beziehen sich auf vielfältige Bereiche des Verhaltens und der psychischen Funktionen.

Wenn es mithin so ist, dass das Konstrukt der Persönlichkeitsstörungen unflexible Charakterzüge und Verhaltensmuster eines Individuums kennzeichnet, die sich in unterschiedlichen Umständen und Situationen realisieren, dann dürfte erwartet werden, dass diese Charakterzüge auch im Alter erhalten bleiben und die klinische Ausprägung von persönlichkeitsgestörtem Erleben und Verhalten sich in zentralen Aspekten nicht unterscheidet, gleichgültig, ob es sich um einen jungen Erwachsenen von Anfang 20 oder um einen langsam älter werdenden Menschen von Mitte 60 handelt.

Warum werden dann aber – so zeigt es die klinische Erfahrung – diese Störungsbilder bei älteren Menschen vergleichsweise so selten diagnostiziert? Stellt sich das Problem der Persönlichkeitsstörungen bei älteren Menschen vielleicht gar nicht? Woran liegt es eigentlich, dass in der geläufigen Literatur (beispielsweise Bohus et al. 2004) zur Illustration von Persönlichkeitsstörungen meist Beispiele von Patienten aus dem 2. bis 4. Lebensjahrzehnt herangezogen werden, so als handele es ich bei Persönlichkeitsstörungen um typische Erkrankungen des jungen und reifen Erwachsenenalters?

## Stand der Forschung

Wenn man nun einen Blick in die Forschungsliteratur wirft, so wird rasch deutlich, dass die Thematik der Persönlichkeitsstörungen im höheren Lebensalter auch aus empirischer Sicht wenig Beachtung findet. Agronin und Maletta (2000) berichten, dass sich von den über 350 Arbeiten, die bis 1997 im Journal of Personality Disorders veröffentlicht wurden, lediglich 6 mit Menschen jenseits des 65. Lebensjahrs befassten. Umgekehrt findet auch in der gerontopsychiatrischen Literatur das Thema der Persönlichkeitsstörungen wenig Beachtung. Lediglich 4 von 120 Arbeiten im American Journal of Geriatric Psychiatry und lediglich 2 von insgesamt über 620 veröffentlichten Arbeiten im International Journal of Geriatric Psychiatry (seit 1991) befassten sich mit dieser Thematik.

Auch eine aktuelle MEDLINE- und PsycINFO-Recherche in den wesentlichen klinischen Zeitschriften der Jahre 1986 bis 2006 konnte nur eine Originalarbeit mit dem MESH-Begriff »aged« identifizieren, die sich der Veränderung des klinischen Bildes von Persönlichkeitsstörungen im höheren Lebensalter oder spezifischen Problemen der Behandlung von Persönlichkeitsstörungen in höherem Lebensalter widmete. Diese Arbeit (Siegel u. Small 1986) stellt eine Kasuistik einer 69-jährigen Patientin mit Borderline-Persönlichkeitsstörung (BPS) vor, die von den Autoren als Beleg dafür gewertet wird, dass die Symptome der BPS lebenslang persistieren und sich im Alter sogar noch zuspitzen können.

Für dieses offensichtliche Forschungsdefizit lassen sich eine Reihe von Gründen anführen. Aus klinischer Sicht argumentieren Oxman und Ferrell (2004), dass die ohnehin schwierige Diagnostik von Persönlichkeitsstörungen bei älteren Personen zusätzlich durch im höheren Lebensalter hinzu tretende medizinische und neuro-psychiatrische Komorbiditäten und psychosoziale Veränderungen verkompliziert werde. Insbesondere die Frühstadien demenzieller Veränderungen könnten kaum von einer Akzentuierung oder Exazerbation einer vorbestehenden Persönlichkeitsstörung unterschieden werden. Zwar sei bekannt und durch Studien belegt, dass das Vorliegen einer Persönlichkeitsstörung auch bei älteren Menschen einen negativen Einfluss auf den Behandlungserfolg bei depressiven Störungen habe, aber abgesehen davon gebe es keine empirischen Evidenzen hinsichtlich spezifischer psycho-pharmakologischer oder psychotherapeutischer Interventionen in der Behandlung von älteren Menschen mit Persönlichkeitsstörungen.

Agronin und Maletta (2000) führen als mögliche Gründe für das Vorliegen so weniger empirischer Arbeiten die Schwierigkeit an, bei einem alten Menschen eine angemessene, das gesamte Erwachsenenalter umfassende Anamnese zu erheben. Vielfach stehe beispielsweise keine geeignete Person zur Verfügung, die die Angaben fremdanamnestisch ergänzen oder bestätigen könnte. Die Anwendung von halbstrukturierten Interviewverfahren ist mit der Schwierigkeit belastet, dass diese nicht an die spezifischen Gegebenheiten der Diagnoseerhebung bei Älteren angepasst sind. Schließlich liegt eine Begrenzung der Diagnostik von Persönlichkeitsstörungen auch darin, dass die kategorialen Diagnosen des DSM oder der ICD die mit dem Altern verbundenen Veränderungen im Verhalten, in der Persönlichkeit und in den sozialen Funktionen nicht berücksichtigen.

Die Mehrzahl der vorhanden empirischen Arbeiten widmet sich aus epidemiologischer Sicht der Auftretenshäufigkeit von Persönlichkeitsstörungen im höheren Lebensalter. In unterschiedlichen Studien finden sich Prävalenzraten von 5–10%, was allenfalls geringfügig unterhalb der Zahlen liegt, die für die allgemeine Bevölkerung berichtet wurden (vgl. Tress et al. 2002). Eine Metaanalyse von Abrams und Horowitz (1996) fand eine 10%-Prävalenzrate von Persönlichkeitsstörungen bei klinischen und nicht-klinischen Stichproben von über 50-Jährigen. In mehreren Studien sind die am häufigsten gefundenen Persönlichkeitsstörungen die zwanghafte, die abhängige und die »gemischte« Persönlichkeitsstörung.

Empirische Arbeiten zur Frage des Langzeitverlaufs von Persönlichkeitsstörungen finden sich in der Literatur nur wenige. Agronin und Maletta (2000) diskutieren die unterschiedlichen Verlaufsformen von Persönlichkeitsstörungen im höheren Lebensalter. So können Persönlichkeitsstörungen:
- unverändert persistieren,
- mit der Zeit remittieren,
- im mittleren Lebensalter remittieren, um später mit einem ähnlichen oder veränderten klinischen Bild erneut aufzutreten,
- persistieren, aber ihr klinisches Bild verändern,

- aus einer früher bestehenden akuten (»Achse 1«-) Symptomatik hervorgehen,
- sich aus einer lang währenden, subsyndromal ausgeprägten, dysfunktionalen Persönlichkeitsakzentuierung im Alter zum Vollbild einer Persönlichkeitsstörung entwickeln,
- im Alter nicht mehr beobachtet werden, wenn Patienten frühzeitig in Folge ihres persönlichkeitsgestörten, aggressiven, rücksichtslosen und impulsiven Verhaltens versterben (vgl. Fishbain 1991),
- beziehungsweise ihre fortbestehenden Symptome nicht mehr von den Symptomen einer komorbiden akuten (»Achse 1«-) Störung unterschieden werden und schließlich
- später im Erwachsenenleben entstehende Persönlichkeitsveränderungen gleichen, die klinisch nicht von dem Bild einer Persönlichkeitsstörung zu unterscheiden sind.

Beobachtungen über den Langzeitverlauf bis ins höhere Lebensalter liegen lediglich über die antisoziale/dissoziale Persönlichkeitsstörung vor. Black et al. (1995) berichten, dass von 45 der 71 Patienten mit antisozialer Persönlichkeitsstörung, die in einer Nachuntersuchung durchschnittlich 29 Jahre nach einem Klinikaufenthalt erreicht wurden, 26,6 % als remittiert, 31,1 % als gebessert aber nicht als remittiert und 42,2 % als unverändert gelten konnten. Remissionen waren assoziiert mit einer geringeren Symptomausprägung zum Erstuntersuchungszeitpunkt und dem Nicht-Vorliegen von Substanzabhängigkeit zum Nachuntersuchungszeitpunkt.

Bezüglich der Borderline-Persönlichkeitsstörung (BPS) liegen aus den vergangenen Jahren zwar ebenfalls Langzeituntersuchungen vor (Pope et al. 1983, McGlashan 1986, Paris et al. 1987), diese umfassen aber nicht spezifisch das höhere Lebensalter. Die Studie von Pope et al. geht in einem bis zu sieben Jahre umfassenden Katamneseintervall der Frage nach, ob BPS familiär und klinisch Bezüge zu den affektiven Erkrankungen aufweist. Die langfristige klinische Entwicklung der Patienten wird dabei nicht näher betrachtet. McGlashan beobachtete den Langzeitverlauf von klinisch behandelten BPS und kam zur Auffassung, dass sich bei Borderline-Patienten eine Besserung im zweiten Lebensjahrzehnt nach der Entlassung aus der ersten klinischen Behandlung einstellt. Paris et al. konnten in ihrer Nachuntersuchung von 100 klinisch behandelten BPS-Patienten nach durchschnittlich 15 Jahren eine deutliche funktionelle Verbesserung feststellen, sie fanden aber auch mit

8,5 % eine hohe Rate an vollendeten Suiziden. In einer Untersuchung an 64 BPS-Patienten, die im Mittel nach 27 Jahren katamnestisch untersucht wurden, fanden Paris und Zweig-Frank (2001) einen noch deutlicheren Symptomrückgang: nur noch fünf Patienten erfüllten die Kriterien einer BPS. Allerdings bestand auch in dieser Gruppe mit 10,3 % ein hoher Anteil an vollendeten Suiziden. Die Quote von 10,3 % bezieht sich hier auf die Anzahl von n=165 Individuen, die in einer ersten, im Durchschnitt 12 Jahre früher durchgeführten, Katamnesestudie an der gleichen Ausgangspopulation untersucht worden waren (Paris et al. 1987).

In einer epidemiologischen Studie (Cohen et al. 1994, Samuels et al. 2002) zu Prävalenz und soziodemographischen Kenngrößen von Persönlichkeitsstörungen in einem städtischen Umfeld zeigte sich zunächst, dass Persönlichkeitsstörungen bei älteren Probanden seltener als bei jüngeren zu finden sind. So fanden Cohen et al. Persönlichkeitsstörungen bei 6,6 % der älteren (> 55 Jahren) und bei 10.5 % der jüngeren Probanden. Bereits in einer ersten Auswertung der Daten wurde deutlich, dass vor allem antisoziale und histrionische Persönlichkeitsstörungen im höheren Lebensalter hoch signifikant seltener auftreten, als im jüngeren Alter. Dieser Befund konnte in weiteren Auswertungen bestätigt werden. Dazu bedienten sich die Untersucher der geläufigen Unterteilung der Persönlichkeitsstörungen in so genannte »Cluster«, bei denen es sich allerdings nicht um mittels Clusteranalyse gewonnene, sondern nach klinisch im Vordergrund stehenden Erscheinungen gebildete Gruppen handelt. Im Cluster A (»sonderbar, exzentrisch«) werden die paranoide, die schizoide und die schizotype Persönlichkeitsstörung zusammen gefasst, das Cluster B (»dramatisch, emotional, launisch«) umfasst die antisoziale, die Borderline-, die histrionische und die narzisstische Persönlichkeitsstörung und das Cluster C (»ängstlich, vermeidend«) die selbstunsichere, die abhängige und die zwanghafte Persönlichkeitsstörung. Samuels et al. (2002) fanden, dass insbesondere die Cluster B-Persönlichkeitsstörungen mit zunehmendem Alter in den Hintergrund treten, während es für Cluster C-Persönlichkeitsstörungen keine signifikante Altersabhängigkeit gibt. Bei Cluster A-Persönlichkeitsstörungen zeigte sich zwar eine etwas geringere Auftretenshäufigkeit im Alter, die Abweichung erreichte jedoch keine statistische Signifikanz – es waren in der Stichprobe nur 24 Personen enthalten, die dem Cluster A zuzurechnen waren.

Die verfügbaren Evidenzen legen nahe, im Sinne von Solomon (1981) differenzielle Verlaufstypen zu postulieren:

- Persönlichkeitsstörungen mit ausgeprägter affektiver und impulsiver Symptomatik (dissozial, Borderline, histrionisch, narzisstisch, vermeidend, abhängig) zeigen im höheren Lebensalter weniger Impulsivität und Aggression und verbessern sich klinisch,
- Persönlichkeitsstörungen mit ausgeprägter Überkontrolle von Affekten und Impulsen (zwanghaft, paranoid, schizoid und schizotypisch) bleiben eher klinisch unverändert oder verschlechtern sich mit ausgeprägten Persönlichkeitszügen von Rigidität und Misstrauen.

## Langzeitstudien

Die insgesamt wenig befriedigende Forschungssituation hinsichtlich der Frage, wie sich Persönlichkeitsstörungen im Alter darstellen, hat in jüngster Zeit dadurch eine gewisse Verbesserung erfahren, dass mehrere umfassende Studien zum Langzeitverlauf von Persönlichkeitsstörungen vorgelegt wurden.

Die McLean Study of Adult Development (MSAD, Zanarini et al. 2005) erstreckt sich mittlerweile über zwölf Jahre, nimmt dabei aber im Wesentlichen die Borderline-Persönlichkeitsstörungen in den Blick. Untersucht wurden hier 290 Patienten, die sowohl den DSM-III-R Kriterien als auch denen des DIB-R (Revised Diagnostic Interview for Borderlines) genügten. Zum Vergleich wurden 72 Probanden herangezogen, die eine Nicht-Borderline-Persönlichkeitsstörung aufwiesen. In jeweils zweijährigen Abständen wurden katamnestische Untersuchungen dieser Patienten durchgeführt, wobei der Nachuntersucher jeweils für die ursprüngliche Diagnose blind war.

Ein unerwarteter Befund der Studie bestand darin, dass etwa ein Drittel (34,6%) bereits nach zwei Jahren die Studienkriterien für die Diagnose einer Borderline-Störung nicht mehr erfüllten. Nach vier Jahren stieg dieser Anteil auf knapp die Hälfte (49,4%), nach sechs Jahren auf zwei Drittel (68,6 Prozent) und nach acht Jahren auf ca. drei Viertel (73,5%). Weniger als 6% der Borderline-Patienten der Studie erlitten einen Rückfall nach vorangegangener Remission. Diese Befunde stehen im markanten Gegensatz zu der Definition der Persönlichkeitsstörungen im DSM, die, wie bereits erwähnt, eine zeitliche Stabilität der (maladaptiven) Persönlichkeitszüge definitorisch voraussetzen.

Nicht nur erbrachte diese Studie den Befund unerwartet hoher Besserungsraten bei der Borderline-Persönlichkeitsstörung, sondern es wurde auch deutlich, dass unterschiedliche Bereiche der Borderline-Psychopathologie sich mit unterschiedlicher Schnelligkeit verändern: die affektiven Symptome erwiesen sich zeitlich am stabilsten, die mit der Impulsivität in Zusammenhang stehenden Symptome veränderten sich am raschesten, während die kognitiven und interpersonellen Symptome diesbezüglich eine Zwischenstellung einnahmen.

Aus dieser Beobachtung ergibt sich eine weitere Folgerung, die auch für die Fragestellung der hier vorgelegten Übersicht von Bedeutung sein kann. Zanarini et al. treffen auf Grund ihrer Befunde eine Unterscheidung zwischen Symptomen, die als mehr akut angesehen werden können und Symptomen, die eher auf das Temperament, d. h. auf grundlegende Persönlichkeitszüge, »traits« bezogen erscheinen. Zu den akuten Symptomen zählen Selbstverletzungen, appellative Selbstmordversuche oder -drohungen und auch eine interpersonell beeindruckende fordernde oder anmaßende Grundhaltung. Zu den eher auf das Temperament bezogenen Aspekten gehören chronische Gefühle der Wut, paranoide Vorstellungen, episodisch auftretende Impulshaftigkeit oder tief verwurzelte Verlassenheitsängste. Während die akuten Symptome, wie die Selbstbeschädigung, über den Katamnesezeitraum eine kontinuierlich abnehmende Tendenz zeigten, blieben die Symptome der zweiten Gruppe unverändert. So hatten bei der Aufnahme in die Studie 95 % der Probanden über heftige, andauernde Gefühle der Wut berichtet, dieser Anteil betrug sechs Jahre nach der Aufnahme in die Studie immer noch 79 %. Im Gegensatz dazu berichteten 81 % der Probanden bei Studienbeginn über absichtliche Selbstbeschädigungen, hier betrug der Anteil sechs Jahre nach Aufnahme in die Studie lediglich noch 28 %.

Hinsichtlich ihres psychosozialen Funktionsniveaus ließen sich in der Studie von Zanarini et al. deutlich zwei unterschiedliche Verlaufstypen trennen: die Borderline-Patienten, die eine Remission erfuhren, verbesserten sich kontinuierlich, so dass immerhin 40 Prozent der jemals remittierten Borderline-Patienten zum 6-Jahres Katamnesezeitpunkt ein gutes psychosoziales Funktionsniveau (GAF) aufwiesen. Im Gegensatz dazu erreichte lediglich ein Viertel der nicht-remittierten Borderline-Patienten nach sechs Jahren ein gutes psychosoziales Funktionsniveau.

Eine weitere wichtige Studie zum Langzeitverlauf von Persönlichkeitsstörungen, die CLPS-Studie von Skodol et al. (2005), untersucht vergleichend vier Gruppen spezifischer DSM-IV Persönlichkeitsstörungen und eine Gruppe von Depressiven (major depressive disorder). In die Studie einbezogen wurden die schizotype Persönlichkeitsstörung (n=86), die Borderline-

Persönlichkeitsstörung (n=175), die vermeidende Persönlichkeitsstörung (n=158) und die zwanghafte Persönlichkeitsstörung (n=154). Die Vergleichsgruppe der depressiven Probanden umfasste 95 Patienten.

Ein zentrales Ergebnis der Studie ist, dass mehr als die Hälfte der persönlichkeitsgestörten Patienten innerhalb eines zwei Jahres-Intervalls eine Remission erreichten, wobei als »Remission« gewertet wurde, wenn über einen Zeitraum von mindestens zwölf Monaten maximal nur zwei der Kriterien der jeweiligen baseline-Persönlichkeitsstörung erfüllt waren. So erreichten beispielsweise zehn Prozent der Borderline-Persönlichkeitsstörungen innerhalb von sechs Monaten eine Remission, wobei dies häufig mit psychosozialen Veränderungen in Verbindung stand, wie etwa der Beendigung einer belastenden Partnerschaft. Insgesamt erschienen Persönlichkeitsstörungen in der CLPS-Studie als weitaus mehr zeitlich fluktuierend, als zuvor angenommen worden war. Gleichzeitig erwies sich aber auch, dass die Persönlichkeitsstörungen zeitlich stabiler als die depressive Störung sind, ein Befund, der in vergleichbarer Weise auch in der MSAD-Studie erhoben worden war.

Nun muss allerdings nicht befürchtet werden, mit solchen Befunden werde das Konzept der Persönlichkeitsstörung als zeitlich stabiles Muster dysfunktionaler Verhaltens- und Erlebensweisen insgesamt hinfällig. Tatsächlich erweisen sich Persönlichkeitsstörungen durchaus als zeitlich recht stabil, wenn sie nicht kategorial, sondern dimensional gefasst werden. Als kategorial bezeichnet man das im DSM oder in der ICD übliche Vorgehen, für jede Persönlichkeitsstörung eine Anzahl von Kriterien zu definieren und festzulegen, dass beim Erreichen oder Überschreiten einer bestimmten Kriterienanzahl das Vorliegen der Persönlichkeitsstörung diagnostiziert wird. Hier wird mithin eine »entweder-oder«-Entscheidung getroffen. Bei der dimensionalen Verfahrensweise legt man im Gegensatz dazu eine Reihe von Dimensionen fest, die für die jeweilige Persönlichkeitsstörung als charakteristisch erachtet werden, und die jede für sich genommen mehr oder weniger stark ausgeprägt sein können. Bei diesem Verfahren ergibt sich dann, dass die Diagnose einer Persönlichkeitsstörung entlang einer »mehr-oder-weniger«-Entscheidung erfolgt.

Die Autoren der CLPS- Studie gelangen dann auch zu der innovativen und überzeugenden Ansicht, Persönlichkeitsstörungen als maladaptive trait-Konstellationen aufzufassen, die in ihrer Struktur stabil sind, jedoch zu unterschiedlichen Zeiten unterschiedlich ausgeprägte Symptome hervorbringen. Das Spezifische der Persönlichkeitsstörungen wird hier also nicht länger in bestimmten Symptomen oder Symptomkonstellationen gesucht, sondern in den grundlegenden »traits«, welche der Ausbildung dieser Symptome zugrunde liegen.

Auch in der CLPS-Studie zeigt sich, dass einige Symptome von Persönlichkeitsstörungen stabiler und weniger leicht zu verändern sind als andere: So ist bei der Borderline-Persönlichkeitsstörung die affektive Instabilität das beständigste Merkmal, gefolgt vom Symptom der unangemessenen, intensiven Wut. Die Merkmale »Selbstbeschädigung« und »Versuche, das Verlassenwerden zu vermeiden« zeigten sich, wie auch in der MSAD-Studie, als die am ehesten einer Veränderung zugänglichen Symptome der Störung.

## Ausblick

Die hier dargestellten bedeutenden Studien werden möglicherweise unsere Vorstellung von Persönlichkeitsstörungen nachhaltig verändern. Wahrscheinlich entspricht es sehr viel eher der Realität, Persönlichkeitsstörungen als dimensional und nicht als einzelne von einander unabhängige nosologische Einheiten aufzufassen, die miteinander allenfalls im Sinne von Komorbidität vergesellschaftet sind.

Das klinische Bild der Persönlichkeitsstörungen ist in einer solchen Sicht als ein Anpassungsversuch an maladaptive trait-Konstellationen oder aber als eine Abwehr gegenüber solchen Konstellationen aufzufassen.

Damit wird sich auch die Vorstellung, wie sich Persönlichkeitsstörungen im höheren Lebensalter entwickeln oder weiterentwickeln, verändern. Es geht dann nicht mehr nur darum, wie ein Kriteriensatz, der für die Diagnostik im jüngeren oder mittleren Erwachsenenalter geeignet ist, modifiziert werden muss, um den Gegebenheiten des höheren Lebensalters entsprechen. Die Aufgabe ist dann weiter gespannt: sie besteht darin, aus klinisch-diagnostischer Sicht die Temperamentsfaktoren und traits zu identifizieren, die sozusagen den »Grund« bilden, auf dem dann durch traumatisches Erleben, repetitive maladaptive Interaktionen oder schwerwiegende und tief greifende neurotische Konfliktkonstellationen klinische Bilder entstehen, die in ihrer jeweiligen Alterstypik zum größeren Teil erst noch beschrieben werden müssen. In einem weiteren Schritt kann es dann darum gehen, therapeutische Strategien des Umgangs mit Persönlichkeitsstörungen zu modifizieren und sie für die Bearbeitung der Gegebenheiten des höheren Alters anzupassen.

# Literatur

Abrams RC, Horowitz SV (1996) Personality disorders after age 50: a meta-analysis. J Personal Disord 10: 271–281.

Agronin ME, Maletta G (2000). Personality disorders in late life: understanding and overcoming the gap in research. Am J Geriatr Psychiatry 8: 4–18.

American Psychiatric Association (2000) Diagnostic and Statistical Manual of Mental Disorders, 4th. Ed: (DSM-IV), Text Revision. Washington DC, APA

Black DW, Baumgard CH, Bell SE (1995) A 16- to 45-year follow-up of 71 men with antisocial personality disorder. Compr Psychiatry 36: 130–140.

Bohus M, Stieglitz RD, Fiedler P, Hecht H, Berger M (2004) Persönlichkeitsstörungen. In: Berger M (Hg) Psychische Erkrankungen. Klinik und Therapie. München, Jena, Urban & Fischer, S. 875ff.

Cohen BJ, Nestadt G, Samuels JF, Romanoski AJ, McHugh PR, Rabins PV (1994) Personality disorder in later life: a community study. Br J Psychiatry 165: 493–499.

Fishbain DA (1991) Personality disorder in old age. J Clin Psychiatry 52: 477–478.

McGlashan TH (1986) The Chestnut Lodge follow-up study. III. Long-term outcome of borderline personalities. Arch Gen Psychiatr 43: 20–30.

Oxman TE, Ferrell RB (2004) Personality Disorders. In: Busse, Ewald W (Ed) (2004) The American psychiatric publishing textbook of geriatric psychiatry (3rd ed.). American Psychiatric Publishing, S. 369–376.

Paris J, Brown R, Nowlis D (1987) Long-term follow-up of borderline patients in a general hospital. Compr Psychiatry 28: 530–535.

Paris J, Zweig-Frank H (2001) A 27-year follow-up of patients with borderline personality disorder. Compr Psychiatry 42: 482–487.

Pope HG, Jonas JM, Hudson JI, Cohen BM, Gunderson JG (1983) The validity of DSM-III borderline personality disorder. A phenomenologic, family history, treatment response, and long-term follow-up study. Arch Gen Psychiatry 40: 23–30.

Samuels J, Eaton WW, Bienvenu OJ 3rd, Brown CH, Costa PT, Nestad G (2002) Prevalence and correlates of personality disorders in a community sample. Br J Psychiatry 180: 536–542.

Siegel DJ. Small GW (1986) Borderline personality disorder in the elderly: a case study. Can J Psychiatry 31:859–60.

Skodol AE, Gunderson JG, Shea MT, McGlashan TH, Morey LC, Sanislow CA, Bender DS, Grilo CM, Zanarini MC, Yen SA, Pagano ME, Stout R (2005) The Collaborative Longitudinal Personality Disorder Study (CLPS): Overview and Implications. J Personality Disorders 19: 487–504.

Solomon K (1981) Personality disorders in the elderly. In: Lion JR (ed) Personality Disorders, Diagnosis, and Management. Baltimore, Williams & Wilkins, S. 310–338.

Tress W, Wöller W, Hartkamp N, Langenbach M, Ott J (2002) (Hg) Persönlichkeitsstörungen. Leitlinie und Quellentext. Stuttgart New York (Schattauer).

Zanarini M, Frankenburg FR, Hennen J, Reich DB, Silk KR (2005) The McLean Study of Adult Development (MSAD): Overview and Implications of the first six Years of prospective follow-up. J Personality Disorders 19: 202–523.

Korrespondenzadresse:

Dr. med. Norbert J. Hartkamp
Klinik für Psychosomatische Medizin und Psychotherapie
Stiftungsklinikum Mittelrhein
Hospitalgasse 2
56154 Boppard
E-Mail: *norbert.hartkamp@stiftungsklinikum.de*

# Schönheitsklinik oder Zen-Kloster?
# Oder: Wie Frau trotz hysterisierten Zeitgeists in Schönheit und Würde altern kann

*Ingeborg Lackinger Karger (Düsseldorf)*

> »Das ist bekannt: eine ältere Frau ist jünger als eine alte Frau. Wie groß muss doch die Angst vor dem Alter sein, dass sie sogar die Grammatik vergewaltigt.«
> *Bovenschen 2006*

## Zusammenfassung

In den mittleren Jahren, ihren Wechseljahren – erleben Frauen eine besondere Schwellensituation, die sich zunächst an körperlichen Veränderungen festmacht. Diese gleicht in Dynamik und Thematik der Adoleszenz, denn in beiden Lebensphasen geht es um Trennung von bisher erworbenen Selbstkonzepten, um Wandlung und Zugewinn neuer Perspektiven. In den Wechseljahren jedoch ist die Möglichkeit geringer, persönlichen Reifungsprozessen, die Trauer mit sich bringen, zu entgehen. Hysterische Verarbeitungsmechanismen werden in den Wechseljahren noch einmal wie in der Adoleszenz natürlicherweise aktiviert, um die Mühen dieser Schwellensituationen im Leben zu mildern. Die heutige Gesellschaft jedoch scheint in vielem auf Verleugnung der verlustreichen Seiten des Alterns zu bauen und wirkt mit ihren Jugendlichkeitsidealen deshalb entwicklungshemmend. Eine hysterisierte Gesellschaft, die sich für »forever young« hält, macht reifes und würdevolles Altern unmöglich.

Stichworte: Frauen, Alter, Hysterie, Wechseljahre

## Abstract: »Beauty Farm versus Zen Retreat – Dignified Aging is Nevertheless Possible«

During menopause women experience an especially challenging threshold to overcome – both physically and psychologically. Menopause adds momentum to a female's life which bears great similarity to adolescence in its psychic dynamics and thematically as well. Concepts of self and of female self-assurance are at stake – in menopause, though, it is not as easy as it was during adolescence to deny loss and to face the necessity to grieve. Modern society, with its denial of most of the inevitable traces of aging, inhibits maturing in decency and fosters hysterical defense mechanisms.

**Key words:** women, aging, hysteria, menopause

# Einleitung

Entgegen aller Emanzipation erleben Frauen das Älter-Werden nach wie vor als nicht eben leicht zu verwindende Kränkung – namentlich in einem gesellschaftlichen Klima, welches von der »50+-Generation« in Verleugnung aller sozialer, physischer und psychischer Realitäten einen nahtlosen Übergang von einer protrahierten Pubertät zum unentwegt aktiven, alterslosen Frührentner erwartet. Die inhärente Mühsal der Übergangsphasen im Leben und die psychische Notwendigkeit zur beständigen Selbstbestimmung innerhalb eines biologisch vorbestimmten Rahmens werden so geleugnet. In einem derart konflikthaften Spannungsfeld erscheinen narzisstische Überspanntheiten im harmlosesten Fall bis hin zu Fixierungen in histrionischen Persönlichkeitsstörungen mit verleugneter Depression, psychosomatischen Begleitstörungen und Suchtverhalten als nahezu unausweichlich zu erwartende Folge für beide Geschlechter.

Gegenstand dieses Beitrags ist die Situation von Frauen um die Menopause. Es wird gezeigt, wie die Umbruchphase Klimakterium in ihrer Dynamik der Adoleszenz ähnelt und wie hysterische Verarbeitungsmechanismen einerseits nahe liegen, andererseits aber gesellschaftlich erwartet und gefördert werden und damit Reifung hemmen. Letztlich kann eine würdevolle psychische Neuorientierung nur erwachsen, wenn es gelingt, sich der Begrenztheit des eigenen Körpers und damit auch der psychischer Möglichkeiten in einem intensiven Prozess der Desillusionierung zu stellen. Erst im notwendigen Trauerprozess können Kräfte und Ressourcen aktiviert werden, welche Kreativität innerhalb neuer Grenzen ermöglichen.

# »Ich versuche doch alles ...«

*Frau X. kam in meine Behandlung, weil sie sich »fürchterlich« fühlte, »überall« Schmerzen hatte »wie eine alte Frau«, von Schwindelgefühlen geplagt war, die ihr die Orientierung erschwerten und weil »keiner« für sie da sei, der sie »wirklich« liebe. Sie war in der Menopause – Wechseljahre jedoch hätten »nicht stattgefunden«. Während der Stunden musste sie über viele Monate beständig weinen und trug dabei einen wie eingefrorenen wirkenden Ausdruck des Vorwurfs und der nothaft anklammernden Erwartung im Gesicht, der ihre Mimik maskenhaft unlebendig werden ließ. Sie entwickelte während des ersten Jahres der Behandlung vielfache neue somatische Beschwerden, Gefühlsstörungen, wandernde Schmerzen und Parästhesien.*

*Frau X. war damals Anfang 60, Kosmetikerin von Beruf. Sie hatte kurz zuvor ihren eigenen Betrieb geschlossen, weil sie weniger arbeiten wollte und neben dem eigenen, durch außerordentlich fleißige Arbeit erworbenen Besitz nach dem Tod ihres Mannes noch eine beträchtliche Erbschaft samt einer Immobilie und einem großmotorigen Fahrzeug gemacht hatte. Sie war eine attraktive, mittelgroße, aber üppige Erscheinung, sehr gepflegt mit graumeliertem, vollen offen getragenen Locken, perfekt geschminkt und angenehm parfümiert, offensichtlich teuer gekleidet in Hosenanzüge oder duftige Kleider und sie trug immer sehr hohe Absätze.*

*Frau X. berichtete:* »Alle, die ich kennen lerne, wollen mich irgendwie nur für sich ausnutzen, aber vor allem sind sie wahrscheinlich neidisch, ich verstehe das nicht *(intensives, stilles Schluchzen)*. Die Frauen kritisieren mich, ich sei so aufdringlich, die Männer wollen mich nur für's Bett. Dabei will ich nur auch mal was Schönes im Leben: ausgehen, mich schön machen: eben aktiv sein und so jung, wie ich mich fühle. Ich lerne PC, mache Yoga und gehe zur Rückengymnastik und reise viel. Als mein Mann noch lebte, bin ich nur zu Hause bei ihm gewesen: er war furchtbar eifersüchtig und später dann so lange krank...«.

*Frau X. war zweifellos eine attraktive Frau. Mit therapeutischer Distanz war es jedoch auch unmöglich zu übersehen, was die Patientin in einer Haltung geradezu altmodischer »belle indifférence« nicht zu wissen schien: Sie trug – mit über 60 Jahren eben nicht mehr altersentsprechend und bei üppiger Oberweite – unter ihren trägerlosen Seidentops und hauchdünnen Sommerkleidern keinen Büstenhalter, die Ausschnitte waren tief und zeigten sehr viel sonnenfaltige Haut an Hals und Dekolleté. Die Kleidung saß immer etwas zu knapp, so dass sich die Konturen des Körpers und der Tangawäsche detailliert abzeichneten, die Füße waren geschwollen in den engen, spitzen Schuhen und der Gang war deshalb steif und verhalten. Die Bräune auch im Winter verdeckte Altersflecken und Falten an den Händen und die Äderchen an den unbestrumpften Beinen nicht. Immer wieder vergewisserte sie sich, »jünger« als altersmäßig Jüngere zu erscheinen.*

## Altern

Die mittlere Lebenserwartung eines Mädchens liegt heute bei rund 80 Jahren. Bis zum Jahr 2010 wird erwartet, dass der Anteil der über 65-Jährigen auf rund 25 Prozent angestiegen ist. Gesund »alt« zu sein ist selbstverständlich, gleichzeitig scheint die Gesellschaft jedoch genau das Faktum des Altwerdens bislang nicht akzeptieren zu wollen. Denn die öffentliche Erwartung ist das der »jugendlichen Erscheinung«: eine Alterslosigkeit zur Schau zu stellen, in der in durchgestylter Fitness auf Golfplatz und Urlaubsstrand Äußerlichkeit, Aktivität und die Abwesenheit von altersbedingten Einschränkungen als Maßstab für Lebensfreude gelten. Die Resilienzforschung stellt allerdings heraus, dass die Lebenszufriedenheit in wachsendem Alter vom Gefühl abhängig ist, gesund zu sein, gebraucht zu werden und etwas Nützliches vollbringen zu können – nicht davon, sich »jung« zu fühlen (Mayer u. Baltes 1996). Die spezifische Situation von alternden Frauen findet inzwischen auch zunehmend Berücksichtigung (BMFSFJ 2001, Kasten 2003).

## Wechsel-Jahre

Jenseits der 40 stellen sich für Frauen verschiedene Veränderungen psychosozialer Lebensbereiche zur Bewältigung. Die Sexualität kann sich verändern; damit verbunden oder auch davon unabhängig können sich Umstellungen in der Partnerschaft entwickeln. Verschiedene soziale Rollen der Frau wandeln sich: als Liebespartnerin, Ehefrau, Mutter und Berufstätige. In den 1960er Jahren wurde vor allem dem Auszug der Kinder eine wichtige, krisenhafte Bedeutung im Leben einer Hausfrau und Mutter zugeschrieben – mit den bekannten Schwierigkeiten des »empty-nest«-Syndrom (Kasten

2003). Heute bedeutet die Phase der Lösung von den Kindern viel mehr auch eine Befreiung und Entlastung. Zeit und Kapazitäten werden frei, um sich Tätigkeiten und Interessen zu widmen, die wegen der Kinder zurückstehen mussten, wie es nicht zuletzt die Partnerschaft musste (Papastefanou 1992). Allerdings gibt es in Zeiten eines engen Arbeitsmarktes neue Begrenzungen für Frauen, denen ein Wiedereinstieg in die entlohnte Berufstätigkeit nicht mehr ohne weiteres möglich ist. Für viele Frauen stellt sich in den mittleren Jahren durch die Pflege von gebrechlichen Angehörigen noch ein weiteres anstrengendes Thema.

## Körper-Wandlung

Im Selbsterleben der Frau treten die Wechseljahre zuerst durch körperliche Veränderungen in Erscheinung. Neben den allgemeinen Alterungserscheinungen wie bleibenden Mimikfalten, Ergrauen der Haare, Figurveränderungen hin zu mehr Fülligkeit und Weichheit und leichterer Erschöpfbarkeit gibt es die Symptome der Wechseljahre im engeren Sinne – wie etwa Hitzewallungen. Verminderte Durchfeuchtung der genitalen Schleimhäute und die Rückbildung des Drüsengewebes der Brüste sind weitere physiologische Folgen. Eine der offensichtlichsten Veränderungen ist jedoch das Ausbleiben der monatlichen Blutung; das bedeutete eine nachhaltige Veränderung des bisherigen Erlebens, in einen beruhigend-naturgegebenen Zeittakt eingebunden zu sein und an die ansonsten nicht fühlbare körperliche Fruchtbarkeit regelmäßig erinnert zu werden.

Diese körperlichen Umstellungen fordern von der Frau in den mittleren Jahren eine intensive Anpassungsleistung auf verschiedenen Ebenen des Erlebens: körperlich und psychisch im Selbstverhältnis, aber auch auf der Beziehungsebene. Dabei ist von großer Bedeutung, dass die Wechseljahre – ähnlich der Adoleszenz – ein unvermeidlicher Teil des Frauenlebens sind und damit allein schon eine druckvolle Dynamik in das Erleben der mittleren Jahre hineinbringen; ganz anders als bei den Männern, die mehr Möglichkeiten der Verleugnung pflegen (»Männer reifen, Frauen altern...«). Dies geschieht zu einem Zeitpunkt im Leben, in dem sich nach den unruhigen Jahren der Adoleszenz und jungen Erwachsenenzeit lange Jahre der Etablierung eingestellt haben. So sind körperliche Umstellungen in der Pubertät zunächst massiv und geschehen innerhalb weniger Jahre, und Frauen erleben solche mit Schwangerschaften, Entbindungen und der ersten Babyzeit nochmals spürbar. Danach aber gibt es viele Jahre der sicheren Gleichförmigkeit im körperlichen Sein – wenn es nicht durch Krankheit oder Behinderung zu Einschnitten kommt. Die Wechseljahre bedeuten für die Frau deshalb quasi nach einer Phase der Latenz einen intensiven Wandel, der letztlich nicht beeinflussbar, nur in seiner Intensität ein wenig zu mildern ist.

## Lebens-Klippen

Klimakterium bedeutet »Leiterstufen«, die aber unversehens zu Klippen der Entwicklung und der psychischen Ökonomie werden können. Frauen sind lebenslang »mit den körperlichen Veränderungen und der unhintergehbaren Leibgebundenheit des Seins in mancher Hinsicht markanter konfrontiert (...) und kulturell auch in stärkerem Maß auf Bedeutungen des Körperlichen festgelegt oder reduziert...« (King 2001). Die physischen und psychischen Erfahrungen der mittleren Lebensjahre sind in ihrer Dramatik und dem starken Körpererleben den Umstellungen der Adoleszenz vergleichbar. Wie sich dort die Anforderung an das Mädchen stellt, die genitale Körperlichkeit zu integrieren, kommt auf die Frau im Klimakterium die Aufgabe zu, ein neues Verhältnis zur Genitalität, zu Begehren und Lust auf körperlicher und seelischer Ebene gleichermaßen zu erreichen. Sie hat zwar anders als die Jugendliche mehr Reife und psychische Erfahrung als Ressourcen mit in diesen Prozess einzubringen, doch stellt die vor ihr stehende Lebensphase eine ebenso unbekannte Erfahrung mit entsprechenden Unsicherheiten dar, wie es das Erwachsenwerden ist. Zudem ist ihr im mittleren Alter die Endlichkeit des Lebens näher als einer Jugendlichen – mit allen hierfür spezifischen Bedrohungen der Integrität.

Vorbildhaft für den Umgang mit dieser Lebensphase können neben den peers gleichaltriger oder älterer Freundinnen nur die vorangehende Generation von Frauen, mithin die »Mütter« sein. Die Wechseljahre bedeuten somit erneut eine Auseinandersetzung mit den wichtigen Mutterfiguren im Leben, der leiblichen und der später als Vorbilder »erworbenen«. Letzteres stellt für die Wechseljährige sicher auch einen großen Vorteil dar, denn sie hat mehr realitätsnahe Vergleichsmöglichkeiten als eine junge Frau und diese ist psychisch noch stärker auf die eigene Mutter angewiesen. Dennoch bedeutet es, sich mit Frauen vergleichen zu müssen, deren Altersveränderungen und Einschränkungen unübersehbar sind. Noch einmal stellt sich (be)drängend die Frage »Will ich so (alt) werden wie meine Mutter?« und zwar mit unvermittelter Schärfe, denn ein Ausweichen in unrealistische Phantasien ist für die reife Frau nicht mehr so einfach. Diese Kränkung gilt es anzunehmen und in einen Teil der eigenen Individualität wendend zu verarbeiten.

Die reproduktive Fruchtbarkeit fällt mit der Menopause endgültig weg, Lust und Begehren verändern sich – und das in individuell unterschiedlicher und zunächst unabsehbarer und deshalb beunruhigender Weise. Manche wechseljahresbedingten Körperveränderungen wie etwa vaginale Trockenheit können beispielsweise den Sexualverkehr unmittelbar unangenehm stören, vor allem aber können die bislang ungewohnten Altersveränderungen des Körpers Schamgefühle und Unsicherheit hervorrufen, die das Selbstwertgefühl der Frau in verschiedenen Bereichen der Selbst- und Objektbeziehungen empfindlich irritieren können. Auch hier eine Ähnlichkeit zur Adoleszenz, in der die eigene Körperlichkeit erst positiv besetzt werden muss, wenn Scham sich in Lust und Begehren wandeln soll. Trotz aller sexueller Emanzipation und angeblicher gesellschaftlicher Affirmation des Alters stellt sich für alternde Menschen nach wie vor die Frage, wie sexuelle Lust und erotisches Begehren mit einem alternden und alten Körper erlebbar sind und wie sie sich im privaten wie im öffentlichen Raum gestalten lassen – auch unter dem Einfluss Über-Ich gesteuerten moralischen Empfindens der früheren Generationen.

Vera King hat in verschiedenen Arbeiten die besonderen Entwicklungsanforderungen herausgearbeitet, die sich der Adoleszenten stellen – insbesondere auch im Zusammenhang mit hysterischen Abwehrmechanismen bei konflikthafter Verarbeitung (King 2001). Sie beschreibt differenziert, wie sich in der Adoleszenz das Gleichgewicht zwischen Selbst und Anderem ausgleichend, differenzierend und integrativ herausbildet. Die Sehnsucht nach Nähe und Bezogenheit muss sich unter den sowohl aufregend-erregend, narzisstisch befriedigend wie beängstigend und sogar (ver)störend erlebten körperlichen Umstellungen unter Einfluss der unbeeinflussbaren hormonellen Einwirkungen in verträglicher Weise mit Abhängigkeitsängsten ausbalancieren. In der Adoleszenz stellen Schwankungen und Polarisierungen zwischen »Sein und Schein, zwischen Wissen und Nichtwissen, Allmachtsphantasie und Entwertung, homosexuellen und heterosexuellen Wünschen, Verschmelzungswünschen und narzisstischem Rückzug, unersättlicher Gier und strenger Askese, die je von sich nichts wissen wollen« (King 2001) die typische Hintergrundfolie des Erlebens dar. Schwankungen und Polarisierungen sind in der Adoleszenz als neurotische Abwehr- und gesunde Anpassungsleistungen gleichermaßen zu verstehen. Das Erleben der Wechseljährigen kann durchaus ähnlich gesehen werden – gewiss nicht so pointiert, doch nicht minder dynamisch – möglicherweise sogar mit der gesammelten Lebenserfahrung noch dichter und in der Fülle des Erlebten deshalb »schwergewichtiger« und nachdrücklicher. Denn für manches, selbst für polarisiertes Erleben, gibt es vor dem Hintergrund der Erfahrung von über 30 vorausgegangenen Jahren auch realistische Bestätigung – die Lebensanschauung speist sich nicht mehr hauptsächlich aus Phantasien über sich selbst, das Leben, die Liebe oder die Männer.

Das Realitätsprinzip, welches sich in der Adoleszenz erst noch herausbildet, ist im Klimakterium sicher bei den meisten Frauen fest verwurzelt. Das bedeutet, dass sie aber auch aus Erfahrung wissen, wie trotz aller offizieller politisch korrekter Worte alternde Frauen entwertet werden: von der Gesellschaft, von Männern und nicht zuletzt von Frauen selbst: den jungen, die aus eigener Unsicherheit, in entwertender Abwehr der Mütter und eben erst den Stürmen der Adoleszenz entronnen, hilflos ihr junges Alter zum Wert an sich hochstilisieren, den jüngeren, die sich im vollen narzisstischen Schub weiblichen Erfolgs im Liebesleben, in Beruf und junger Mutterschaft erfüllt fühlen und denen im mittleren Alter, die sich in den beunruhigenden Unwägbarkeiten des Älterwerdens zurechtfinden müssen.

## »Forever young«

Seit den 1990er Jahren zeichnet sich ein zunehmendes Interesse der Gesellschaft am Thema Altern ab. In Medizin und Psychologie, aber vor allem in Wirtschaft und Gesellschaft wurde endlich wahrgenommen, dass die Gesellschaft »altert«. Im Alltag ist wohl am augenfälligsten, wie das wirtschaftliche Potential der Alten zu mobilisieren versucht wird, denn ihre Konsumbereitschaft und beträchtliche Kaufkraft werden zum Erhalt einer funktionierenden Wirtschaft dringend gebraucht. Binnen weniger Jahre veränderte sich zum Beispiel die Präsenz der Alten in der Werbung. Beworben werden Kosmetika für reife Haut und ergrautes Haar allem voran, Mittel gegen Knochen- und Gelenkschmerzen gegen Blasenschwäche und Prostatabeschwerden und Versicherungen zur Altersvorsorge, um nur einige zu nennen. Mit der zweifellos wichtigen Anregung der Altersmedizin, in allen Lebensaltern auf eine gesunde Ernährung, Bewegung und geistige Aktivität zu achten und sich damit »jung« zu halten, hat sich zudem ein neues Bild vom alten Menschen etabliert, das sich ausschließlich an Jugendlichkeit orientiert. Parallel dazu verändert sich auch die Idealvorstellung vom jüngeren Erwachsenen zu einer Erscheinung, die in Körperstatur und Verhaltensweise eher dem Adoleszenten ähnelt. Dieser »Verjugendlichungsdruck« in der Gesellschaft führt letztlich zu einer Leugnung des Alterns durch alle Altersklassen hindurch und strebt eine Vereinheitlichung der menschlichen Erscheinung an, die äußerlich von möglichst knabenhafter Schlankheit, Muskulösität, Straffheit der Körperhaltung und der »Hülle«, also der Haut, der Muskeln und der Mimik und von der Verleugnung typischer Alterserscheinungen wie Ergrauen der Haare, Faltenbildung, Verlust der Zähne und anderer normaler Verschleißerscheinungen gekennzeichnet ist.

Die sekundären Geschlechtsmerkmale der Frauen, also vor allem die Brüste, sollen idealerweise in jedem Alter und ungeachtet der Statur voll und straff sein. Dieses Idealbild einer sportlich-schlanken Erscheinung entspricht einem körperlich und seelisch unausgereiften Frühadoleszenten und ist von kaum einem Erwachsenen überhaupt erfüllbar – manche Körpermerkmale schließen einander ohnehin von vornherein aus und sind nur durch chirurgische Eingriffe zu erreichen, wie etwa eine üppige Brust in Verbindung mit knabenhafter Schlankheit, aber runden Hüftkonturen.

So breitet sich seit den 1990er Jahren in Europa ein Trend zur operativen Manipulation des Körpers aus, der schon in den 1980er Jahren in den USA und Südamerika, vornehmlich Brasilien, die wohlhabenden Bevölkerungsschichten erfasst hatte. Mit der Weiterentwicklung von nebenwirkungsfreieren Anästhesieverfahren und körperverträglichen Kunststoffen und unter dem Einfluss einer offensichtlich verschärft negativen Haltung zum körperlichen Abweichen vom Ideal ist heute ein beträchtlicher Anstieg an rein kosmetisch motivierten operativen Eingriffen zu verzeichnen. »Wellness« greift – neben dekorativer Haut- und Haarkosmetik und jugendlichen Modetrends – die schon vergessen geglaubte Idee der Erholungskur auf. Maßnahmen der Besinnung und Ruhe, körperlicher Ertüchtigung, lebensfreundliche Gestaltung der Umwelt, gesunde Ernährung sind zweifellos die einzigen wirklich wirksamen Hilfen zur Gesunderhaltung und damit zu einem längeren Leben. Doch wird mit der Vorstellung einer »Kurzkur« fürs Wochenende verleugnet, dass es letzten Endes um eine veränderte Haltung zu sich selbst gehen muss und Konsumverhalten nicht zum angestrebten Ziel führt.

# Ent-Täuschungen

Gereon Heuft beschäftigt sich seit längerem intensiv mit der Veränderung des Selbst- und Körperverhältnisses im mittleren und höheren Alter (Heuft 2005). Johannes Kipp rekuriert auf diese Thesen und verknüpft sie mit Beobachtungen über die Spezifität von Konversionssymptomatik im Alter (Kipp 2001). Diese Hypothesen zeigen, wie sich im Laufe der Entwicklung die psychische Bedeutung des Körpers verändert und wie mit den Jahren der Körper zunehmend die Funktion des Organisators des seelischen Lebens übernimmt. Dieser »somatogene Organisator« ergibt sich aus der von Heuft als ein Entwicklungsschritt im Altern angenommenen zunehmenden Bedeutung des Körperlichen – bedingt durch normale somatische Veränderungen und im Alter häufiger auftretende Krankheiten. Hierbei wird unterschieden zwischen Körper-Selbst und Körperschema: das Körper-Selbst entspricht den seelischen Repräsentanzen vom Selbst im Körperlichen, dem Leib-Sein; es wird durch seelische Erfahrungen und Entwicklungen beeinflusst, etwa durch Internalisierung und Identifikation, und geht nicht unbedingt mit dem realen Alter konform. In den Schwankungen des Erlebens in der Adoleszenz etwa fühlen sich Mädchen jünger oder älter als sie real sind – manchmal beides zugleich. Ähnliche Phänomene treten in den mittleren Jahren auf – natürlich bei beiden Geschlechtern – und je nach Lebenserfahrungen und aktuellen Belastungen können Menschen im hohem Alter trotz zählbarer Jahre im Erleben und Ausdruck etwa um Jahrzehnte »jünger« sein. Das Körper-Selbst wird immer höchst individuell erlebt.

Das Körperschema hingegen entspricht dem kognitiv wahrgenommenen, handfest vorhandenen Körper, dem Körper-Haben, und ist zwar auch individuell je nach Gesundheitszustand und genetischer Veranlagung verschieden, doch unbedingt an die realen Gegebenheiten des biologischen Alterns und dessen sichtbare und spürbare Folgen geknüpft. Das Körperschema differenziert sich durch die vielfältigen und zahlreichen Erfahrungen, die jeder im Laufe der Jahre in und an seinem Körper macht und durch das Wissen, das man über den Körper sammelt. Somatogener Organisator kann nur das Körperschema sein, also beispielsweise ein arthrosegeplagtes Knie in diesem Sinne das seelische Erleben so beeinflussen, dass sich die Betroffene nicht nur körperlich, sondern auch geistig in der Beweglichkeit eingeschränkt, zunehmend gehemmt in Kontakten oder in ihrer Lebensfreude erlebt.

Die Wechseljahre bedeuten für die Frau eine körperlich ausgelöste erneute intensive und unausweichliche Auseinandersetzung mit dem Körper, eine Zeit, in welcher der Körper mit seinen Veränderungen stark im Vordergrund des Erlebens erfahren wird. Das bedeutet, dass das Körperschema sich in seiner Funktion als somatogener Organisator erneut deutlich bemerkbar macht und die dem körperlichen Erleben folgenden psychischen Erfahrungen einen Großteil seelischer Energie binden. Die Entwicklungsaufgabe dieser Lebensphase heißt, erneut Integrationsaufgaben zu leisten, um ertragen zu können, dass somatische Funktionen, die einst schon mit Mühen integriert werden mussten, nun unaufhaltsam wieder verschwinden und es verarbeitet werden muss, sie nicht mehr zu besitzen. Konkret bedeutet dies unter anderem, dass die Wechseljährige die Erfahrung integrieren muss, die Periodenblutungen nicht mehr zu haben. In der Adoleszenz hatte sie die Erfahrung zu bewältigen, dass die reguläre monatliche Blutung nicht ein Anzeichen von Versehrtheit im Körperinneren sondern Hinweis auf einen Zuwachs an Potenz ist: für Fruchtbarkeit. Archaische Ängste um die Beschädigtheit des Leibes und des eigenen Inneren stehen mit der Menarche zur Bewältigung an und es erfordert Hingabe an den zwingenden Zyklus der Naturgewalten, um diese Seite der Weiblichkeit in den Jahren der Adoleszenz positiv besetzen zu lernen – und nicht allen Frauen gelingt dies letztlich. Das Klimakterium nun fordert das mühsam Integrierte und als wertvollen Beweis der eigenen Weiblichkeit Eroberte unabänderlich zu verlieren und weder Ersatz dafür im Körperlichen zu erfahren, noch realistische Hoffnung in eine Zukunft setzen zu können, in der diese Potenz wiedererlangt werden könnte. Im Gegenteil: mit dem Altern sind begleitend noch weitere Hinweise auf Vergänglichkeit spürbar, seien es Krankheitsfolgen, die bekannten normalen Alterserscheinungen oder altersbedingte körperliche Schwächen. Das Körper-Selbst ist heutzutage dagegen in den Wechseljahren meist zeitlich weit vom Gefühl »alt« zu sein entfernt: Frauen um die 50 befinden sich tatsächlich mitten im aktiven Leben, sei es gesundheitlich, beruflich oder privat.

Dieses weite Auseinanderklaffen des von Körper-Selbst und Körperschema vermittelten Erlebens und die damit verbundenen emotionalen Schwankungen – physiologisch noch verstärkt durch die Schwankungen des an sich stimmungsstabilisierenden Östrogenspiegels – stellt heutige Frauen vor eine ganz neue verschärfte Variante der Entwicklungsaufgabe »Altern«, die sich von der früherer Generationen unterscheidet. Allein die Verschiebung des Alters, in dem viele Frauen noch Kinder bekommen um rund zehn Jahre bedeutet, dass mit 50 viele Frauen keineswegs vor dem »leeren Nest«

stehen, sondern sich mitten in den Auseinandersetzungen mit dem pubertie-renden jugendlichen Nachwuchs finden. Das kann bedeuten, dass Mutter und Tochter gleichzeitig mit unterschiedlichen Varianten desselben Themas – der Weiblichkeit – ringen, was es weder für die Töchter noch für die Mütter leichter macht, sondern Konkurrenzkämpfe untereinander und solche um Unabhängigkeit und Selbstbestimmtheit in Abgrenzung gegeneinander umso schärfer pointiert und entsprechend viel psychische Energie kostet.

Vera King hat detailliert beschrieben, wie die adoleszenten Anpassungs-und Abwehrreaktionen den hysterischen Phänomenen und Symptomen ähneln: »etwa der Benutzung des Körpers als einem Schauplatz von Kon-flikten, dem schillernden Schwanken zwischen Groß und Klein oder dem vernebelnden Sich-Verbergen in Pseudoregressionen oder Pseudoprogressio-nen« (King 2001). Das Gleiche lässt sich für das Klimakterium sagen. So be-deutet der Verlust der Fruchtbarkeit auf phantasmatischer Ebene die Erfah-rung einer Leerstelle im Leibesinneren, die nicht mehr in Verschmelzung mit dem Anderen intimer, verlockender, phantasienerfüllter, kreativer Ort des Dritten – das heißt auch konkret eines Kindes – werden kann. Der Besitz regenerativer Potenz bedeutet für Frauen heute auf verschiedenen Ebenen Macht über das Leben und einen besonderen Wert als Schöpferin des Lebens zu besitzen, denn mit der Verfügungsgewalt über Verhütung können Frauen ihre Fruchtbarkeit auch regulieren. Vergeht diese mit dem Alter, ist das aber nicht mehr manipulierbar und bedeutet eine nachhaltige narzisstische Krän-kung, die nur mit einem Gutteil Enttäuschung und Wut verwunden werden kann, um den endgültigen Abschied mit der ihm angemessenen Trauer einlei-ten zu können. Die Menopausale steht vor der durchaus viel versprechenden Aufgabe einerseits eine neue, abstraktere Vorstellung von ihrer Fruchtbarkeit zu entwickeln, die sich günstigstenfalls fruchtbringend auf die soziale, geistige und Beziehungsebene verschieben ließe.

Andererseits steht an, auch im Körper-Selbst eine Vorstellung von lust-voller Weiblichkeit ohne Fruchtbarkeit erst zu entwickeln, soll nicht der innere Ort weiblicher Potenz »(bedeutungs)leer« bleiben. Dies ist auch eine der wichtigen psychischen Aufgaben vor der hysterektomierte Frauen stehen und die nicht selten zu vorübergehenden depressiven Zuständen führt. Er-fahrungen mit einem unfruchtbaren weiblichen Leib gibt es nur aus der Kindheit und dort anzuknüpfen würde weitgehende und unangemessene Regression bedeuten.

Vergleichbar irritierend ist für alte Frauen der Verlust der Schambehaarung, der ihnen einen mädchenhaften – pseudoregressiven – genitalen Habitus verleiht, mit dem erst eine psychische Verknüpfung zu erwachsener Weiblichkeit neu geschaffen werden muss. Ein Gefühl körperlicher und seelischer innerer Leere kennen viele Frauen in den Wechseljahren: Unsicherheit über sich als Frau, Irritierbarkeit, Selbstunsicherheit im Wechsel mit kontraphobisch oder ärgerlich getönter Sicherheit, Antriebslosigkeit und Hyperaktivität, Unwohlsein und Fremdheitsgefühl im eigenen Leib, Schlafstörungen und Schwierigkeiten zu entspannen. Unzufriedenheit mit der Figur ist nachgerade eine typische Erlebens- und letztlich Verarbeitungs- und psychische Integrationsweise in der Durchgangsphase des Wechsels. Alle diese Gefühle sind aber auch typische Symptome der hysterischen Neurose, die dort als misslingende Selbstheilung mit der Not zur Verhüllung, Verleugnung und Dissoziation bei tiefer Verunsicherung über das weibliche Selbst und den Selbstwert zusammenhängen – eine Quelle häufiger entwertender Fehldiagnosen der Durcharbeitung der Wechseljahre durch Therapeuten beider Geschlechter!

Auch im Verhältnis zum Anderen erzwingen die Wechseljahre Innehalten und Überdenken, wenn eine Weiterentwicklung und Integration möglich werden soll. Das bedeutet etwa im Bereich der Sexualität manche zunächst verwirrende Umstellung. Im Klimakterium bilden sich aus den Östrogenvorstufen im Fettgewebe auch geringe Mengen an Androgenen, die das Lustempfinden ungewohnt steigern können. Das kann verwirrend sein und bedarf erst der somatischen und psychischen Neudefinition. Genitale Sexualität kann zeitweilig als »zu viel und zu nah« in einer Lebensphase empfunden werden, die zunächst ein Moratorium auf der Schwelle zu der neuen Lebensphase benötigt. So kann die sexuelle Vereinigung – auch hier wieder unübersehbare Ähnlichkeiten zur Adoleszenz – Ängste vor Verschmelzung und damit verbundenem Selbstverlust oder vor aggressiver und destruktiver Invasion auslösen und den Wunsch nach vorsichtiger sexueller Begegnung und mehr Zuwendung in Form von Gehalten-Werden, Streicheln und Zärtlichkeit in den Vordergrund rücken. Die Impulse zur Selbstabgrenzung können zum Schutz eines irritierten Selbst in dieser Phase auch zum vorübergehenden Ausschluss des Anderen und Zurückweisung des Partners führen – insbesondere, wenn die körperlichen Veränderungen mit Schmerzen bei genitaler Begegnung verbunden sind. Die – im Gegensatz zur Adoleszenten – für die erwachsene Frau hilfreiche und angstbindende Vorstellung vom »Objekt im Körper«, also der Möglichkeit eines Dritten im eigenen Leib, der die Intrusion durch den Anderen verhindert, fällt ja mit der Menopause als reale Lösung weg (King 1999). Erst mit Integration destruktiver Ängste wird es möglich, die aggressive Intrusion des Anderen seinerseits lustvoll mit Inkorporationsverlangen zu besetzen und somit förderlich zu sublimieren.

Ein wohlbekanntes Phänomen der Wechseljahre sind physiologische Blutungsunregelmäßigkeiten. Der gewohnte Zyklus kommt jedoch »durcheinander« und darüber hinaus könnten solche Blutungen mit oder ohne Schmerzen tatsächlich Anzeichen für Krankheiten wie etwa harmlose Muskelknoten (Myome) oder schlimmstenfalls Gebärmutterkrebs sein. Blutungsunregelmäßigkeiten und Unterbauchschmerzen können allerdings zu allen Lebensaltern auch Folge psychogener Hormonschwankungen sein. Solche Schmerzen führen in der Adoleszenz zu vielfach unsinnigen Appendektomien (Hontschik 1988) und im Klimakterium immer noch zu unnötigen Hysterektomien, die meist mit angeblichem Krebsrisiko begründet werden (Bachmann 1990). Individuell wirkt vielfach nach wie vor eine institutionell gestützte Einigung von Arzt und Patientin auf unbewusster Ebene darin, dass ein Organ stellvertretend für eigenständig-störende Weiblichkeit als maligne und entbehrenswert entfernt werden könne: hysterische Dynamik par excellence!

Nicht vergessen werden sollte aber das real mit den Jahren steigende Risiko für Krebserkrankungen der weiblichen Organe. Der bei Frauen mit 34,5 % aller Krebskrankheiten häufigste ist der Brustkrebs, der in den mittleren Jahren ab 45 signifikant häufiger wird (Lademann 2005). Im Zusammenhang mit Hormontherapien gegen Wechseljahresbeschwerden muss das Krebsrisiko immer beachtet werden – die mittleren Jahre stellen also für Frauen in deutlich höherem Ausmaß als für Männer bereits Lebensjahre mit lebensbedrohlichen Krankheitsrisiken dar.

## Quo vadis?

Die einleitend vorgestellte Fallgeschichte steht beispielhaft für die Erfahrung einer Frau, die durch leidvolle Lebensumstände immer wieder darin gehindert wurde »zu sich« zu kommen. Sie hat deshalb ein feines Gespür dafür, was »man(n)« von ihr erwartet, wie und dass sie ihre Weiblichkeit in den Dienst anderer stellen soll – verständlich, wenn man ihre durch massive Gewalterfahrungen gezeichnete Lebensgeschichte im Detail kennt. Deshalb versucht sie »alles«, um im/am Leben und auf der Höhe der Zeit zu bleiben.

In ihrem Beruf hat sie sich fundierte Kenntnisse erworben über die Konservierung jugendlichen Aussehens und hat diese zur Etablierung eines Lebens in finanzieller Sicherheit genutzt. Ihre durch Leid erworbenen Fähigkeiten zur Anpassung und Unterwerfung haben ihr geholfen, sich in der Gesellschaft fest zu etablieren und vor allem ihre Not vergessen zu machen: Verleugnung und Verschiebung haben ihr als Abwehr und zum psychischen Überleben gedient. Ihr Körper-Selbst entspricht einer Lebensphase, in der sie sich vorübergehend glücklich fühlen konnte. Für Frau X. war ein Zugang zu den verdrängten Erfahrungen lange Zeit unmöglich; ebenso wie zu einem Verständnis der Folgen ihrer Erfahrungen zu bekommen: Sie hat in ihrer Erscheinung eine Lebensphase kosmetisch konserviert und emotional eingefroren, die ihr als die erträglichste und glücklichste Zeit ihres Lebens erschien. So hat sie selbst die Wechseljahre »überstanden«, ohne etwas davon zu bemerken.

Nachdem die emotionalen Belastungen der tödlichen Krankheit und des Versterbens ihres Lebensgefährten der letzten Jahre nachgelassen hatten, kam es für Frau X. zu einer als Leere spürbaren Entlastung und dem Nachhall dieser intensiven Konfrontation mit dem Alter und dem Tod. Sie hatte ihre Arbeit aufgegeben, um den Partner pflegen zu können und fand sich nun vor dem »Nichts«. Sie versuchte, ihrem Leben neuen Sinn zu geben, schloss sich einer esoterischen Gesprächsgruppe an, belegte psychologisierende Sinnfindungs-Workshops und versuchte sich auch körperlich spüren zu lernen: Rückengymnastik und Yoga sollten ihr zu einer »Mitte« verhelfen, von der sie nicht sagen konnte, wo sie wohl sein könnte. So konnte sie sich eine Weile stabilisieren, doch als sie sich mit inzwischen auch an ihr unübersehbar gewordenen Altersveränderungen konfrontiert fand, begannen Schmerzen und Schwindelgefühle – die sie im Verbund mit Angstattacken, wie sie sich erst jetzt eingestehen konnte, schon seit ihrer Jugend gehabt hatte – unerträglich zu werden und führten sie über Umwege zum Gynäkologen, Orthopäden und Neurologen letztlich in die Psychotherapie.

Wie bei Johannes Kipp herausgearbeitet, zeigt sich auch bei Frau X. das für Hysterikerinnen typische Versagen des somatogenen Organisators (Kipp 2001). Das Körperschema der Patientin ist durch ihre hysterische Struktur und die daraus folgenden Verlagerungen seelischer Konflikte ins Körperliche schon seit sie – gerade 20 Jahre alt – ihre Tochter gebar, massiv beeinträchtigt und wie ertaubt. Das bedeutet, dass das Körperschema seine Aufgabe zur Regulierung des Körper-Selbst nur unzureichend wahrnehmen kann:

Frau X. spürt die körperlichen Veränderungen durch den normalen Alterungsprozess nicht und ihr Körperschema bleibt quasi »infantil« – erst mit tatsächlichen Beeinträchtigungen durch leichte arthrotische Prozesse wird der Körper – dann aber überschießend schmerzhaft – spürbar für sie. Hinzu kommen unübersehbare Altersveränderungen der Haut, gegen die sie selbst als fachkompetente Kosmetikerin nichts mehr ausrichten kann. So entsteht ein verwirrendes, schwindelerregendes Ungleichgewicht zwischen Körper-Selbst (einer Mittzwanzigerin) und Körperschema (weitgehend gehemmt und fühllos durch seine Entwicklungshemmung), in dem es – bei unzureichendem Selbstwertgefühl, bei weggefallener generativer Funktion durch die Wechseljahre und lebensgeschichtlich schwer traumatisierter Weiblichkeit – auch kein äußeres »drittes Objekt« zur triangulierenden Stabilisierung mehr gibt. Diese Funktion hatte der väterlich-wohlwollende und gleichzeitig eifersüchtig-haltende und damit ihre Bedeutung als sexuelles Wesen betonende Lebensgefährte inne. Schmerzen und Schwindelgefühle – die den Körper zwar präsent, aber diffus im Bewusstsein halten – und vor allem das Gefühl »von allen guten Geistern verlassen« zu sein, versucht Frau X. durch forcierte Jugendlichkeit, verzweifelten Aktivismus, durch Anknüpfung an die von der Gesellschaft empfohlenen Modelle des »forever young« zu bannen.

Frau X. steht beispielhaft für den Versuch der Hysterikerin durch Manipulation am Körperschema in Form von Verleugnung des Realen und mit Hilfe äußerlicher Verjugendlichungsversuche der Notwendigkeit der Veränderung des Körper-Selbst durch Anerkennung des real alternden Körpers und seiner damit verbundenen Veränderungen zu entgehen. Sie quält sich mit der typischen »Sorge um eine makellose Schönheit«, wie sie Lucien Israel so hinreißend beschreibt (Israel 1993).

## Golfplatz, Wellness-Oase oder Kloster?

Altern stellt jeden vor spezifische Herausforderungen, die körperliche und seelische Belastungen mit sich bringen. Das ist an sich ein Allgemeinplatz, doch hat diese Erfahrung unzähliger Generationen nichts an der Anstrengung des Alterns verändert. Älterwerden ist ab den mittleren Lebensjahren nicht mehr ausschließlich mit narzisstischem Zugewinn versüßt, sondern bedeutet, ertragen zu lernen, dass Verluste und Endgültigkeiten in Zukunft zum Leben gehören und häufiger werden.

Verleugnung liegt nahe und verhilft als gesunde Abwehr immer wieder auch vorübergehend zur Stabilisierung des Selbst, welches vor der Aufgabe innerer, reifender Umstrukturierung steht. Psychisch erfordern die Wechseljahre große Flexibilität, die Fähigkeit zur Hingabe an Unabänderlichkeiten, Desillusionierung und Enttäuschung ertragen und in produktive Energie verwandeln zu können und die durch körperliche Erfahrung – nicht intellektuelles Verstehen – gewonnene Einsicht in Verzicht, Grenzen und Endlichkeit.

Denn für Frauen ist das Altern nachdrücklicher mit Erfahrungen von Körperlichkeit verbunden – entsprechend ihrem intensiven Zugang zur Leiblichkeit. So werden die Wechseljahre zum Moratorium vor der nächsten Lebensphase. Hysterische Mechanismen als Abwehr zu nutzen, liegt wegen ihrer leichten Verfügbarkeit und der guten Passung auf die konflikthafte Problematik für Frauen nahe. Die kränkende Mühsal der Beschäftigung mit Begrenztheit und Endlichkeit hebt das nicht auf: im Gegenteil bricht für manche Frauen mit hysterischer Neurose in den Wechseljahren erst die Tiefe ihres bisher unbewussten Konflikts auf. Doch kann am Ende eines solchen Durcharbeitens in der reifen Hingabe an Unabänderlichkeiten ein großer Zugewinn an Innerlichkeit, Bewusstheit, Intensität des Erlebens, Ausdrucksfähigkeit und Kreativität im weitesten Sinne stehen. Dazu gehört auch eine fürsorgliche Haltung zur eigenen Leiblichkeit zu gewinnen, Achtsamkeit zu entwickeln und sich in seiner – in allen Altersstufen! – gegebenen Begrenztheit zu respektieren. Auch die Beziehungsfähigkeit, die seelische und körperliche begehrende Innigkeit zwischen den Geschlechtern könnte in Anerkennung der Verschiedenheit des Anderen vom Altern als Reifungsprozess wahrhaftig profitieren – das dann aber lieber nicht im Kloster!

## Literatur

Bachmann GA (1990) Hysterectomy: a critical review. J Reprod Med 35: 839–862.

Bovenschen S (2006) Älter werden. Frankfurt am Main (S Fischer).

Bundesministerium für Familie, Senioren, Frauen und Jugend (BMFSFJ) (Hg) (2001) Verbundprojekt zur gesundheitlichen Situation von Frauen in Deutschland. Schriftenreihe Bd 209, Berlin.

Heuft G, Kruse A, Radebold H (2005) Lehrbuch der Gerontopsychosomatik und Alterspsychotherapie. München (Reinhardt).

Hontschik B (1988) Fehlindizierte Appendektomien bei jungen Frauen. Z Sexualforsch 1:312–326

Israel L (1993) Die unerhörte Botschaft der Hysterie. München (Reinhardt)

Falldarstellungen

Kasten H (2003) Weiblich – männlich. Geschlechterrollen durchschauen. München, Basel.
King V (2001) Hysterie und weibliche Adoleszenz. Forum Psychoanal. 17: 235–250.
Kipp J (2001) Hysterische Symptome und der Körper im Alter. Zschr Psychosom Med Psychother 47(2): 167–178.
Lademann J und Kolip P (2005) Gesundheit von Frauen und Männern im mittleren Lebensalter. Schwerpunktbericht der Gesundheitsberichterstattung des Bundes. Berlin.
Mayer KN, Baltes PB (1996) Die Berliner Altersstudie. Berlin.

Korrespondenzadresse:

Dr. Ingeborg Lackinger Karger
Am Rittersberg 47
D–40595 Düsseldorf
Email: *lackingerkarger@nexgo.de*
Homepage: *www.dr-med-ilk.de*

# Normopathie – hypersoziale Traumaverarbeitung und somatoforme Dissoziation

*Mechthilde Kütemeyer (Köln)*

## Zusammenfassung

Eine große Gruppe alter Patienten, die überangepasst und leistungsbewusst ihre traumatischen Kriegserfahrungen über Jahrzehnte hinweg gut kompensiert haben, verdient besondere klinische Beachtung. Die internalisierten Durchhalteparolen der NS-Zeit, das Schweigen und die Unfähigkeit, Fragen zu stellen, haben bei diesen das Kriegsende, die Phasen des Hungers und des »Wiederaufbaus« überdauert. Die Narben scheinbar verheilter Wunden brechen erst im Alter wieder auf, und zwar nicht in Form psychischer Symptome, sondern als multiple Somatisierungen: Schmerzen, Tinnitus, Bluthochdruck mit Tachykardie u. a. psychogene Beschwerden. Die Intensität der körperlichen Beschwerden sowie der anfallsartiger Verlauf weisen darauf hin, dass es sich bei der Symptomatik um Erinnerungsphänomene, d. h. um somatisierte dissoziative Störungen handelt. Auch »Brückensymptome« in der Anamnese sind hinweisend.

Eine rezeptive, zuhörende – erinnerungsfördernde – Haltung des Arztes kann einen Mitteilungsfluss bei den Patienten in Gang bringen, während die körperliche Symptomatik überflüssig wird und verschwindet. Dies wird anhand von Krankenbeispielen erläutert.

**Stichworte:** Normopathie, hypersoziale Traumaverarbeitung, Erinnerungssymptome, somatisierte flashbacks, somatoforme Dissoziation

## Abstract: Normopathy – Hypersocial Trauma Processing and Somatoform Dissociation (Nijenhuis)

A large group of World War II survivors who counterbalanced traumatizing experiences in a »hypersocial« way by performance and pressure deserve clinical attention. The internalized slogans of the NS period, the silence and inability to ask questions survived the end of the war, periods of hunger and the economic reconstruction. The scars of seemingly healed wounds only break open decades later. Clinically, multiple »somatization« is more common than psychological symptoms. The intensity and manifestation in attacks show that these symptoms indicate a memory phenomenon, i.e. somaticized dissociative disorders. »Bridge symptoms« in the anamnesis can also be indicative. A receptive, listening – memory promoting – attitude by a doctor can cause a talkativeness for the patient, making physical symptoms superfluous and disappear. This is explained with the help of case studies.

**Key words:** normopathic personality disorder, hypersocial trauma processing, memory symptoms, somatoform flashbacks, somatoform dissociation

# Die farblose abwesende Krankheit

Eine Form der Persönlichkeitsstörung wird selten gesondert ins Auge gefasst, da sie als Störung zunächst nicht in Erscheinung tritt: die Normopathie. Den Betroffenen gelingt es, schwere psychische Traumatisierungen schweigend und leistungsbewusst zu kompensieren. Sie sind überangepasst und unauffällig. Nur latent bleibt die Erinnerung an das Erlittene bestehen, das Trauma bleibt im Körpergedächtnis aufbewahrt. Erinnerungsspuren machen sich oft erst im vorgerückten Alter bemerkbar, wenn Eltern und Partner gestorben, die Kinder aus dem Haus sind und berufliche Aufgaben wegfallen. Das Leiden an der Vergangenheit zeigt sich körperlich verkleidet, d. h. in einer Weise, die als Erinnerungssymbol in der Regel nicht erkannt wird: mit hartnäckigen Schmerzen, Ödemen, Schwindel, Tinnitus, Miktionsstörungen, mit Bluthochdruckkrisen, Dyspnoe und Tachycardie.

# Farbige sprechende Brückensymptome

Bei genauer Anamnese stellt sich häufig heraus, dass die Zwischenzeit nicht symptomlos verlaufen ist; unklare episodische Körperbeschwerden haben die Betroffenen immer wieder begleitet. In der Psychiatrie und Psychotraumatologie werden solche Störungen »Brückensymptome« genannt, der Begriff wird aber nicht ausreichend zur Diagnostik und zum Verstehen posttraumatischer Phänomene genutzt.

Im folgenden Krankenbeispiel hätten wiederholt auftretende Störungen – retrospektiv als Konversionssymptome zu deuten – schon länger auf die traumatische Genese hinweisen und auch die späteren Schmerzen als posttraumatische erklären können.

## Krankenbeispiel 1

*Der 61-jährige Flötist war Leiter einer Musikschule und wurde wegen persistierender Schmerzen vorzeitig berentet. Er berichtet während der stationären psychosomatischen Behandlung von vielfältigen Demütigungen, denen er in der Schule nach Kriegsende im ehemaligen Westpreußen durch seine polnischen Lehrer ausgesetzt war. Immer wieder komme ihm die Szene in den Sinn, wie er vor versammelter Klasse mit zurückgebundenen Händen gezwungen wurde, sein Gesicht in einen Blechnapf am Boden zu tunken, den übel riechenden Brei zu schlucken und mehrmals zu sagen: »Ich bin ein deutsches Schwein«. Die Eltern, selbst als Deutsche verfemt, hätten ihn nicht schützen können und ihn zum Schweigen angehalten.*

*Das Schweigen hat gesiegt und sich jahrzehntelang bewährt; er ist ein erfolgreicher Musikpädagoge und zufriedener Familienvater in einer glücklichen Ehe geworden.*

*Die ziehenden und stechenden Schmerzen in kleinen und großen Gelenken und im Rücken habe er seit zehn Jahren, kein Medikament helfe. In den 70er Jahren habe er wegen Funktionsstörungen zwei Mal ein ganzes Jahr beruflich aussetzen müssen; er habe nicht sprechen, nicht singen und die Lippen zum Flöten nicht spitzen können, Kauen und Schlucken dagegen seien ungestört gewesen. Im Rentengutachten des Ordinarius für Psychiatrie wurde ein Zusammenhang mit dem früheren Trauma abgelehnt, da die Schmerzen erst Jahrzehnte später aufgetreten und Brückensymptome nicht zu eruieren seien.*

*Die Störung der Mundpartie wurde als Brückensymptom nicht gewürdigt, obwohl sie alle Kriterien der Konversion – akuter Beginn, abruptes Ende, Resistenz gegen alle medizinische Behandlungen und verstehbarer Ausdrucksgehalt – erfüllte.*

# Normenkonstanz und somatoforme Dissoziation (Nijenhuis)

Hervorstechendes Merkmal der hypersozialen Traumaverarbeitung ist das Festhalten der Betroffenen an introjizierten Idealen und an implantierten Normen. Diese Normen und Ideale bleiben dauerhaft Ich-synton, sie zeigen eine überraschende Konstanz über die Zeiten hinweg. Unhinterfragt scheinen sie Verhalten und Entscheidungen der Betroffenen auch nach schwersten Verlusten zu bestimmen. Krisen kommen – verspätet – nur über körperliche Symptome zum Ausdruck.

## Krankenbeispiel 2

*Ein 82-jähriger ehemaliger Bauarbeiter wird im Frühjahr 1999 wegen heftiger Schmerzen im rechten Bein aus dem Städtischen Krankenhaus in die Ambulanz der Psychosomatischen Abteilung im St. Agatha-Krankenhaus in Köln geschickt. Der Chirurgin ist das Fehlen körperlicher Befunde und die Resistenz gegenüber Analgetika aufgefallen. Der unerträglich stechende Schmerz, gleichmäßig im ganzen Bein von der Hüfte bis zur Fußspitze, sei vor einer Woche beim Osterspaziergang mit seinem Sohn aufgetreten, ohne dass er sich verletzt habe.*

*Neurologisch finden sich eine Tonuserhöhung, betonte Muskeleigenreflexe (MER) sowie ein erschöpflicher Patellar- und Fußklonus im kräftigen rechten Bein. Das Bein bis zum Fußgelenk ist, mit Ausnahme zweier hochschmerzhafter Punkte an der Innen- und Außenseite des Kniegelenks, analgetisch: der typische Befund eines Konversionsschmerzes.*

*Ich teile dem Patienten die Diagnose »Erinnerungsschmerz« mit und erläutere: »Es geht um etwas Schmerzhaftes, was Sie erlebt haben, aber bis heute nicht verkraften können«. »Ich habe nichts Schmerzhaftes erlebt« – »Was haben Sie mit Ihrem Sohn gesprochen?« – »Nichts Besonderes.« Auch sonst sei nichts Besonderes passiert. Ich insistiere: »Sie sind 1914 geboren. Was haben Sie im Krieg erlebt?« – »Ja, als ich jetzt die Szenen aus dem Kosovo im Fernsehen sah, sind mir die Bilder aus Russland wieder vor Augen gekommen ... ich habe mit niemandem davon gesprochen. Als ich mit dem Sohn spazieren war, dachte ich, ich will ihm erzählen, es bedrückt mich, er muss es wissen ... aber wir hatten strengen Befehl damals, nichts daheim zu erzählen ... du darfst es dem Sohn also nicht sagen ... doch, jetzt sag ich es ihm ... nein, es geht nicht«. Er blieb stumm, und der dissoziative Schmerz setzte ein.*

Die Norm gebende Autorität mit Schweige-Befehl gilt heute noch und ist stärker als alle Bedürfnisse, endlich zu sprechen. Nur der Schmerz ist aufsässig und setzt sich über die Schranken hinweg.

## Gesetze und klinische Merkmale der somatoformen Dissoziation

Die Wahl der Symptome erfolgt nicht willkürlich, sondern gesetzmäßig. Die beiden Krankengeschichten zeigen bereits die wichtigsten klinischen Merkmale somatoformer Dissoziation (Nijenhuis 2004):
1. Die Intensität der Symptomatik und
2. der häufig akute, sogar perakute Beginn (Heuft 1993, 51 f).

Beide Merkmale sind geeignet, den Arzt zu täuschen, dass eine aktuelle körperliche Störung vorliege.

Die Gesetze und besonderen Merkmale der traumabedingten körperlichen Symptomatik wurden von Charcot (1886) und von seinen Schülern Janet (1893) und Freud (1888, 1893) beschrieben, und zwar nicht nur bei den motorischen Störungen (Lähmung, Tremor), sondern auch bei subjektiven Empfindungsstörungen (Schmerzen, Schwindel, Tinnitus, Globus u. a.), einschließlich vegetativer Phänomene (Miktionsstörung, Schwellung, Spontanblutung). Diese Gesetze sind aber in der Allgemeinmedizin, auch in der Psychiatrie und Psychosomatik, kaum bekannt. Hier herrscht noch das Vorurteil, die körperlichen Phänomene der Hysterie, vor allem die Empfindungsstörungen und vegetativen Symptome, seien konturlos, wandelbar, somatoform, d.h. kaum von somatischen Phänomenen zu unterscheiden (Seidler 1996). Das Gegenteil ist der Fall. Die Hysterie hält die vor über 100 Jahren formulierten Gesetze unverändert ein, und zwar ohne Geschlechtsunterschied in allen Kulturen, Gesellschaftsschichten und Altersstufen. Um die klinischen Merkmale besser zu verstehen, sei kurz die typische Traumadynamik dargestellt.

# Traumadynamik

Das Trauma ist ein plötzlich in das Leben eines Menschen einbrechendes Erlebnis, das alle seine erlernten Verarbeitungsmöglichkeiten übersteigt. Um weiterzuleben, versucht das Opfer, das Erlittene ungeschehen zu machen, zu vergessen und einzukapseln. Die traumatische Erfahrung wird zum Selbstschutz abgespalten.

Über erlittene Vergewaltigung können betroffene Frauen in der Regel erst im hohen Alter sprechen (Böhmer 1998).

Das schweigende, aufgrund gelungener Abspaltung scheinbar unbehelligte Opfer wird aber immer wieder von der Trauma-Erinnerung verfolgt, durch Alpträume, Nachhallerinnerungen (flash backs) – oder körperliche Symptome.

Die beiden gegenläufigen Linien der Traumaverarbeitung sind psychoökonomisch sinnvoll:

- Die wiederholte sensorische Trauma-Reinszenierung dient der »Verdauung«, der fraktionierten Entsorgung des Traumas,
- das Abspalten und Verschweigen dagegen der Aufrechterhaltung des seelischen Gleichgewichts.

Trauma-Erinnerung und Selbstschutz oszillieren, wechseln im günstigen Falle einander ab (Fischer u. Riedesser 1998). Wenn jedoch die Abwehr dauerhaft überwiegt und die Trauma-Veröffentlichung ganz ausbleibt, resultieren emotionale Lähmung und Sprachlosigkeit. Dann bleibt es allein dem Körper überlassen, das Erlittene – verschlüsselt, aber entzifferbar – kundzutun, z.B. durch psychogenen Schwindel oder dissoziativen Schmerz. Das heißt, ein Teil der Körperfunktionen – wie die Gleichgewichtsregulation und das Schmerzempfinden, – wird abgespalten, dissoziiert und in den Dienst der Traumaverarbeitung gestellt.

# Symptomdynamik

Auf dem Boden der so verstandenen Traumadynamik lassen sich Traumabezogene körperliche Symptome konzeptuell einordnen, verstehen und dadurch klinisch leichter erkennen.

1. Die Schmerzen, der Schwindel und die Bluthochdruckspitzen sind *exzessiv*, entsprechend der Intensität der verschlossenen traumatischen Erinnerungen und dem damit verbundenen unerträglich-unbenennbaren Affektdruck. Das Exzessive irritiert den Arzt, der organisch »nichts« findet (und die affektiven Symptomgesetze nicht kennt). Die Entstehung so intensiver Körpersymptome durch bloße Erinnerung lässt sein Weltbild nicht zu.

2. Die Symptome kommen (oder steigern sich) *anfallsartig* – die Patienten sagen in Schüben. Die überfallartige unfreiwillige »Erinnerung« entspricht der überfallartigen traumatischen Erfahrung. Der dissoziative Harnverhalt z.B. setzt anfallsartig ein, er bedarf eines Zuhörers und nicht etwa eines suprapubischen Katheters.

Die anfallsartige Manifestation ist psychodynamisch so zu verstehen: In symptomarmen Phasen kompensatorischer Abwehr sammelt sich das zurückgedrängte affektive Traumapotential an, um sich bei Lockerung der Abwehr – in Ruhe, am Abend, am Wochenende – gleichsam explosiv Raum zu verschaffen .

Wenn die Tätigkeiten ruhen, im Alter, wenn es still wird, werden die traumatischen Erinnerungen wach, deshalb kommen viele Patienten abends aus dem Seniorenheim mit (dissoziativen) Blutdruck- oder Schmerzkrisen in die Notaufnahme. Die meisten stehen unter hohem Mitteilungsdruck und brauchen nur ein leises Zeichen der Empfangsbereitschaft des Zuhörers – z.B. nachfragendes Aufgreifen eines Stichworts -, um sich zu äußern. Meist wird das Erinnerungs-Stichwort schon im Erstgespräch geliefert.

## Krankenbeispiel 3

*Die 80-jährige ehemalige Sekretärin kommt nachts mit akutem Herzrasen und einer Bluthochdruckkrise aus dem Altenheim ins Krankenhaus, sie hat verschiedene starke Schmerzmittel gegen ihre Rückenschmerzen dabei. »Seit wann haben Sie die Schmerzen?« – »Seit 1941«, sagt sie . – »Seit 1941?«, frage ich nach. Schon bricht es aus ihr heraus: »Da hat man meinen Vater mit Megaphon durch die Straßen gejagt, er habe bei Juden gekauft, sich vom jüdischen Arzt behandeln lassen ... Die Aufträge in seiner Druckerei blieben aus ... und die Lebensmittelkarten ... Auch ich wurde als ›Judenmädchen‹*

*gejagt und gehänselt, ... ich weiß nicht, warum ich immer Angst habe, ... andere haben doch damals viel Schlimmeres erlebt«.* »Doch, es war grausam *für Sie und ist heute noch schlimm, wenn Sie sich daran erinnern. Sie haben immer Angst, heute noch. Man bekommt eben Angst, Herzrasen und Bluthochdruck, aber auch Angst-Rückenschmerzen, wenn man von den Nazis gejagt wird.« Nach Absetzen aller Schmerzmittel und ergänzenden Gesprächen gingen Herzrasen, Bluthochdruck und Schmerzen innerhalb weniger Tage zurück.*

Bei dieser Seniorin waren die Rückenschmerzen das Brückensymptom, Herzrasen und Bluthochdruck das aktuelle Erinnerungssyndrom. Ihre vergleichsweise milde Normopathie zeigte sich in ihrer Tendenz, ihre traumatische Erfahrung und die Dauerangst zu bagatellisieren. Durch energisch bestätigende Antworten (doch, es war grausam ... ist heute noch schlimm), vor allem durch die klare Deutung und Bestätigung des Sinns ihrer Körpersymptome – durch Mentalisierung (Fonagy 2004) – konnte die Patientin rasch ihre normopathische Selbstbeurteilung verändern.

Wir dürfen uns das Krisengeschehen der somatoformen Dissoziation nach Freud (1893/1998, 1895) physiologisch, sogar physikalisch vorstellen. Die schmerzhafte Erinnerung und der dazugehörige Affekt »besetzen« einen Körperteil und nehmen einen bestimmten Raum im Körper ein, der durch Wiederholungstraumen und Nichtäußerung immer größer wird, bis ein Überdruck mit Schwellung und Hitze entsteht, der plötzlich – z.B. als Überdruck des Blutes in den Gefäßen oder verwandelt als Körperschmerz – zum Ausdruck kommt und so eine Teilentlastung erfährt. Der im Symptom gebundene »hohe Affektbetrag« (Freud 1893/1998, 25 f) kann durch verbale Öffnung in einer Beziehung »abgeräumt« werden (Freud 1895, 212 f, Kütemeyer u. Schultz 1989, 188).

Der Begriff Katharsis erhält hier seinen anschaulichen, körperlich relevanten Sinn. Tatsächlich mildern sich dissoziativer Bluthochdruck, Schwindel oder Schmerz, sobald sie in ihrer paroxysmalen Dynamik verstanden, d.h. konzeptuell und emotional »contained« werden können (Kütemeyer 2003a). Auch psychomotorische Unruhe, »Demenz« und andere »Alters«-Symptome nehmen nach Mitteilung lange verschwiegener Traumen meist drastisch ab (Böhmer 1998).

Man hat Freud diese »physikalische« Denkweise vorgeworfen, zu Unrecht und zum Schaden für die Klinik . Denn es ist gerade das Gegenteil von

Physikalismus, wenn dem Seelischen und der Beziehung so konkrete und gezielte Wirkungen im Körper konzeptuell zugetraut und klinisch nachgewiesen werden.

Wenn der »hohe Affektbetrag« einen Raum im Körper einnimmt, werden auch dissoziative »Überdruck-Phänomene« wie Schwellung, aufplatzende Wunden und keloidartig aufgetriebene Narben verständlich (Kütemeyer 2000, 2003c), ebenso die Schwellung bei Varizen und nicht zuletzt der erhöhte Augeninnendruck beim Glaukom. Als Erinnerungssymbole zeigen sie immer die dissoziative Symptomdynamik;. durch die genannten Merkmale (exzessiv, anfallsartig, resistent auf somatische Behandlung) lassen sie sich klar von den organisch begründeten Formen unterscheiden, z.B. von einem durch Eiweißmangel bedingten Ödem oder von einer Wundheilungsstörung bei Infektion.

Die Frage »Warum gerade jetzt?« (Weizsäcker 1947, 193) ist immer ergiebig. Der plötzliche Beginn der Symptomatik (Heuft 1993, 51 f) geschieht nachweisbar in einer – von außen gesehen oft harmlosen, für die Betroffen aber traumatischen – Wiederholungssituation. Im Krankenbeispiel 1 entstand die Sprechlähmung, als der Flötist seinen Drang, von den Demütigungen im Nachkriegspolen zu erzählen, als revisionistisch verteufelt sah, und wieder zum Schweigen verdammt war. Bei dem ehemaligen Bauarbeiter (Krankenbeispiel 2) setzte der Beinschmerz akut ein, als er sich seinem Sohn gegenüber zum Schweigen verurteilt wähnte.

## Krankenbeispiel 4

*Eine 72-jährige Patientin wird an einer Bursitis am rechten Ellbogen operiert und mit gut verheilter Wunde aus der Klinik entlassen. Eine Woche später besucht sie eine alte Freundin. Als sie bei dieser auf dem Plüschsofa sitzt, entleert sich plötzlich eine Menge Eiter aus der frischen Operationsnarbe. Sofa, Tischdecke, Teppich, alles wird beschmutzt. Erneut auf der plastisch-chirurgischen Station, erinnert sie sich: In Ostpreußen besaß ihre Familie ein edles Anwesen mit ähnlichen Möbeln. Durch die Vertreibung war alles für immer verloren. In ihrer Ehe spricht sie nicht über den Verlust, der Mann weiß auch nichts von den Zeugungsumständen ihrer einzigen Tochter während der Flucht. »Warum hat die Freundin alles behalten dürfen?« steht als Frage grollend im Raum, als die Patienten vom Aufplatzen ihrer Wunde und dem eiterbesudelten Mobiliar erzählt.*

Der hohe Affektbetrag, der sich plötzlich mit Überdruck aus dem Körper entleert, kann kaum drastischer veranschaulicht werden

3. Die Trauma-bedingten körperlichen Symptome manifestieren sich *unanatomisch*, ihre Lokalisation richtet sich nach der Art der traumatischen Erinnerung. Die Frage »Warum gerade hier?« (Weizsäcker 1947, 193) ist also ebenfalls ergiebig. Der dissoziative Harnverhalt weist auf eine sexuelle Traumatisierung hin. Der dissoziative »Tinnitus« (lat. klingeln) anfallsweise an- und abschwellend, greift das Geräusch während des Traumas auf, er wird nicht einseitig wie bei Affektion im Innenohr empfunden, sondern beidseitig, genauer: als Sensation *im ganzen Kopf* erlebt.

## Krankenbeispiel 5

*Auf die Frage, wie sich ihr »Tinnitus« anhört, der sie seit Wochen quält, gibt die 60-jährige Patientin ein zischendes Geräusch an : »sch ...sch ... sch ... wie eine Lokomotive«. Unmittelbar darauf erzählt sie, mit 12 Jahren, 1956, habe die Mutter sie allein im Zug zur Tante aufs Land geschickt, um sie vor den Gefahren des Ungarnaufstandes zu schützen. Sie habe auf der Fahrt panische Angst ausgestanden, aber tapfer durchgehalten und anschließend der Mutter nichts davon erzählt.*

Auch der Schmerz strahlt *unanatomisch* aus. Viele Schmerzanfälle sausen »wie ein Blitz« einseitig durch den ganzen Körper. Der Gesichtsschmerzanfall fährt »wie ein heißes Messer« vom Unterkiefer über Wange zur Stirn quer zu allen Trigeminusgrenzen, der anfallsartige Kreuzschmerz oft nach vorne einseitig in die Leiste oder den Unterbauch wie ein Fingerzeig auf sexuelle Übergriffe.

Beim Gejagt-Werden kommt die Gefahr von hinten, bei der Erinnerung daran sitzt der Angstschmerz im Rücken (Krankenbeispiel 3).

Auch begleitende Sensibilitätsstörungen sind unanatomisch begrenzt, z.B. ringförmig über den Gelenken – als Spuren von »Ketten« – oder im Gesicht am Haaransatz (der Trigeminusnerv endet erst am Scheitel). Begleitende Lähmungen sind proximal, nahe am Rumpf, betont, im Gegensatz zu den neurologisch bedingten Lähmungen, die distal-, an den Endgliedern betont sind. Dies gilt auch für den Tremor. Der extrapyramidale Tremor tritt betont an Händen und Fingern auf, der dissoziative Tremor ergreift den ganzen Arm von der Schulter aus.

Die Art der Raumbesetzung des Körpers erfolgt gesetzmäßig. Im oberen Teil des Körpers befindliche »Zwangs«-Schmerzen haben mit zwanghafter Affektkontrolle zu tun, multilokal im Körper verteilte »Angst«-Schmerzen (Fibromyalgie) mit noch diffusen Erinnerungen. Symmetrisch *auf*steigende Schmerzanfälle entsprechen ebenfalls *unbestimmten* traumatischen Erinnerungen (die ja von innen *auf*steigen). *Einseitige* dissoziative Schmerzen dagegen repräsentieren eine *bestimmte* traumatische Szene mit einer *bestimmten Person* und nehmen deren Mitteilung körperlich vorweg (s. die einseitige Ausstrahlung in die Leiste nach sexuellem Übergriff). Bei dem ins rechte Bein projizierten Erinnerungsschmerz in Krankenbeispiel 2 ist anzunehmen, dass eine bestimmte traumatische Szene im Zentrum der Erinnerung des Patienten stand, die er aber uns zu erzählen (noch) nicht imstande war. In der Psychotherapie kann sich die zunächst symmetrische oder multilokale Somatisierung zu einer einseitigen konkretisieren, wenn den Patienten eine bestimmte Szene in den Sinn kommt und zur Bearbeitung ansteht.

4. Die subjektiven Körpersensationen – und nicht nur die sichtbaren motorischen Phänomene – spiegeln die inneren Vorgänge *szenisch* wider. Als häufiges dissoziatives Symptom wird das Globusgefühl beschrieben, ein Druck- und Engegefühl im Hals, was das Schlucken und Atmen erschwert. Die Dynamik der auftauchenden Erinnerungen und Affekte, die kurz vor der Äußerung in der Kehle aufgehalten werden, ist in diesem Symptom eingefangen.

Das Erleben dissoziativer Schmerzen ist *szenisch*. Die Anfälle werden mit »invasiven« Metaphern beschrieben (Messerstiche, Hammerschläge, Todesstöße, wie wenn jemand mit feurigem Schwert meinen Rücken durchbohrt) entsprechend der invasiv traumatischen Erfahrung. In allen Bildern ist das Plötzliche, Anfallsartige enthalten. In den Schmerzbildern werden – verdichtet – traumatische Beziehungsgeschichten erzählt (wie wenn jemand ...).

5. Die dissoziativen Phänomene sind polar gebaut, zeigen eine *Gegenläufigkeit*, ein Befund, der die Ambivalenz der Betroffenen zum Ausdruck bringt (Janet 1929, Kütemeyer 2003 b, 2004). Der dissoziative Schmerz wird, neben den invasiven Metaphern, mit gegenläufig »anorganischen« Metaphern beschrieben, das schmerzende Bein »wie ein Klumpen, Stein«, der schmerzhafte Rücken »wie Beton«, als Ausdruck des Selbstschutzes, um den unerträglichen Schmerz nicht zu spüren. Der Kopf, der von Schmerzanfällen »wie ein Blitz« traktiert wird, fühlt sich gleichzeitig an »wie in einen Helm«

gepresst. In Krankenbeispiel 2 spiegelt die Gegenläufigkeit der neurologischen Befunde die Ambivalenz des Patienten wider: Tonuserhöhung und einseitig gesteigerte MER zeigen die hohe Affektspannung zurückgehaltener Erinnerungen, die Kloni das Hin und Her von Erzähldrang und –verbot. Die Analgesie – Ausdruck der zur Norm erhobenen Unempfindlichkeit – ist punktförmig unterbrochen von den »hysterogenen Zonen« (Charcot 1886) – den durch die Kosovo-Bilder geweckten schmerzhaften Erinnerungen -, » als ob die ganze Sensibilität einer größeren Partie des Körpers in die eine Zone zusammengedrängt wäre« (Freud 1888/1997, 76).

## Die normopathische Persönlichkeit

Der Begriff und das Phänomen der Normopathie wurde Anfang der 1950er Jahre in der »Heidelberger Schule« von Ärzten entdeckt, die beide Weltkriege erlebt und deren klinische Folgen beobachtet hatten (Viktor von Weizsäcker 1886–1957, Wilhelm Kütemeyer 1904–1972: 1951). Damals wurden schwere körperliche Krankheiten bei psychisch scheinbar normalen Patienten erforscht, die bei Anwendung der »biographischen Methode« eine normopathische Pathologie zeigten (Kütemeyer 1956).

Der Gehorsamsfanatismus der beiden Weltkriege war bei diesen Patienten gleichsam bis in die Körperzellen eingedrungen und hatte, so wurde angenommen, den destruktiven körperlichen Prozess teils mit hervorgerufen, teils verstärkt. Dass gravierende Körpersymptome *ohne* organischen Befund derselben Dynamik unterliegen, können wir mit der heutigen Traumatheorie besser verstehen.

Für das Verstehen des Hintergrunds sind die Schriften von Ernst Jünger nach dem ersten Weltkrieg bedeutsam, besonders sein Aufsatz »Über den Schmerz«: Es geht nicht darum, »dem Schmerz zu entrinnen, sondern ihn zu bestehen«, wobei er zwei Möglichkeiten unterscheidet, die »priesterlich-asketische, die auf ›Abtötung‹, und die kriegerisch-heroische, die auf Stählung gerichtet ist« (Jünger 1934, 172, Morat 2003). Beide Formen des »Bestehens« können wir bei allen unseren normopathischen Patienten mit somatoformer Dissoziation antreffen.

Obwohl Dissoziation per Definition ein anfallsartiges Phänomen mit akutem Beginn und Ende darstellt, wird in der ICD–10 unter den dissoziativen Störungen F44 das Anfallsartige und das Exzessive nicht beschrieben.

Auch bei den somatoformen Störungen F45 und bei den Traumafolgen F43 fehlt der Hinweis auf die anfallsartige Manifestation. Psychogene Schmerzen sind nur unter der Diagnose »anhaltende somatoforme Schmerzstörung« F45.4 einzuordnen, was schon vom Namen her das Anfallsartige verwischt.

Die Kenntnis der klinischen Merkmale kann fächerübergreifend zur *Frühdiagnose* posttraumatischer dissoziativer Störungen beitragen. Die subjektiven Empfindungsstörungen, meist als somatoform diagnostiziert, erweisen sich dann als dissoziativ.

Das Achten auf die Merkmale bei der Symptomschilderung und neurologischen Untersuchung, das Aufgreifen der Metaphern durch den Arzt (»Messerstich, Klumpen«) und Benennen des Affekts (Angst, Trauer, Wut) setzt einen beziehungsstiftenden Mitteilungsfluss in Gang, der häufig bereits eine Milderung der Symptomatik zur Folge hat. Das Fokussieren auf die körperlichen Beschwerden stellt also auch einen *Behandlungsschritt* dar, einen ersten Ansatz, den abgespaltenen Affekten und traumatischen Erlebnissen auf die Spur zu kommen, und ist ebenso im Verlauf der Psychotherapie immer wieder überraschend ergiebig. So kann schrittweise die Normopathie aufgelöst werden.

## Resumé: Das konzeptuelle Containen

Beim Vorliegen eines dissoziativen Symptoms kann und sollte ärztliche Aktivität sofort und konsequent zurücktreten zugunsten einer rezeptiven, kommunikativen – erinnerungsfördernden – Haltung. Schmerzmittel und Psychopharmaka sind unwirksam, alles Invasive schadet. Hilfreich ist, was zum Munde heraus-, und nicht, was in den Mund und andere Körperöffnungen hineinkommt. Erinnerungsfördernd sind auch kreative Verfahren – Gestaltung, Musik – und körperbezogene Angebote wie Physiotherapie und funktionelle Entspannung.

Die Kenntnis der genannten klinischen Merkmale (exzessiv, anfallsartig, unanatomisch, szenisch, gegenläufig) hilft, das jeweilige körperliche Geschehen wahrzunehmen und gedanklich einzuordnen, d.h. konzeptuell zu containen. Das *konzeptuelle Containen* verschafft die befreiende Distanz, die das *emotionale* »Containen« erleichtert und oft überhaupt erst möglich macht.

# Literatur

Böhmer M (1998) Erfahrungen sexualisierter Gewalt in der Lebensgeschichte alter Frauen. Frankfurt/M (Mabuse), ²(2001).

Charcot JM (1886) Neue Vorlesungen über die Krankheiten des Nervensystems, insbesondere über Hysterie. Übersetzt von Sigmund Freud. Leipzig, Wien (Toeplitz & Deuticke).

Fischer G, Riedesser P (1998) Lehrbuch der Psychotraumatologie. München (Reinhardt), ³(2003).

Fonagy P, Gergely G, Jurist F K, Target M (2004) Affektregulierung, Mentalisierung und die Entwicklung des Selbst. Stuttgart (Klett-Cotta).

Freud S (1888) Hysterie. GW, Nachtragsband (1987) 69–82 (s. a. 54–64).

Freud S (1893) Quelques Considérations pour une Etude Comparative des Paralysies Motrices Organiques et Hystériques. GW 1, S. 37–55. Deutsch v. ML Knott und M Kütemeyer (1998) Einige Betrachtungen zu einer vergleichenden Studie über organische und hysterische motorische Lähmungen. Jb Psychoanal 39: 9–45.

Freud S (1895) Studien über Hysterie. GW 1, 75–312.

Janet P (1893) L'état mental des hystériques. Paris (Alcan). 1. Teil deutsch v. M Kahane (1894) Der Geisteszustand der Hysterischen. Die psychischen Stigmata. Reprint (2004) Neustrelitz (Antiqua Reproprint).

Jünger E (1934) Über den Schmerz. In : Blätter und Steine. Hamburg (Hanseatische V.) 154–213.

Heuft G (1993) Psychoanalytische Gerontopsychosomatik – Zur Genese und differentiellen Therapieindikation akuter funktioneller Somatisierung im Alter. Psychother med Psychol 43: 46–54.

Kütemeyer M (2000) Rundbrief 2: Psychogener Schwellfuß. Köln (St. Agatha-Krankenhaus).

Kütemeyer M (2002) Metaphorik in der Schmerzbeschreibung. In: Brünner G, Gülich E (Hg) Krankheit verstehen. Interdisziplinäre Beiträge zur Sprache in Krankheitsdarstellungen. Bielefeld (Aisthesis) 191–207.

Kütemeyer M (2003 a) Psychogener Schmerz als Dissoziation. Psychother Sozialwiss 5: 320–337.

Kütemeyer M (2003 b) Hypochondrische Beschwerden als Erinnerungsspuren spezifischer Traumatisierung. In: Bruns G et al (Hg) Psychoanalyse und Familie – andere Lebensformen, andere Innenwelten? Arbeitstagung der DPV Nov. 2003. Bad Homburg (Geber + Reusch) 395–410.

Kütemeyer M, Eren S, Ghofrani A, Reifenrath M, Krein R, Janssen A, Jung H, Eisenführ B (2003 c) Wundheilungsstörung und seelisches Trauma. In: Hontschik B (Hg) Psychosomatisches Kompendium der Chirurgie. München (Marseille) 237–247.

Kütemeyer M (2004) Körperliche Beschwerden nach seelischem Trauma. Mabuse 147: 26–28.

Kütemeyer M, Schultz U (1989) Frühe psychoanalytische Schmerzauffassungen. Psychother med Psychol 39: 185–192.

Kütemeyer W (1951) Die Krankheit Europas. Frankfurt (Suhrkamp).

Kütemeyer W (1956) Anthropologische Medizin in der inneren Klinik. In: Vogel P (Hg) Arzt im Irrsal der Zeit. Viktor von Weizsäcker zum 70. Geburtstag. Göttingen (Vandenhoeck & Ruprecht) 243–265.

Morat D (2003) Körper im Schmerz/Schmerz im Bild. Ernst Jüngers (In-)Differenz. In: Jagow

B, Steger F (Hg) Differenzerfahrung und Selbst. Bewußtsein und Wahrnehmung in Literatur und Geschichte des 20. Jahrhunderts. Heidelberg (Winter) 291–309.

Nijenhuis ERS (2004) Somatoforme Dissoziation. In: Eckhardt-Henn A, Hoffmann SO (Hg) Dissoziative Bewußtseinsstörungen. Theorie, Symptomatik, Therapie. Stuttgart New York (Schattauer) 94–113.

Seidler GH (Hg) Hysterie heute. Metamorphosen eines Paradiesvogels. Stuttgart (Enke), 2. bearb. Aufl. (2001) Gießen (Psychosozial).

von Weizsäcker V (1947) Fälle und Probleme. Anthropologische Vorlesungen in der Medizinischen Klinik. (1988) Gesammelte Schriften Bd. 9, Frankfurt am Main (Suhrkamp) 7–276.

Korrespondenzadresse:

Dr. med. Mechthilde Kütemeyer
Burg Kendenich 17
D 5o354 Hürth
E-Mail: *kuete@arcor.de*

**Andreas Hinz, Oliver Decker (Hg.)**
**Gesundheit im gesellschaftlichen Wandel**
Altersspezifik und Geschlechterrollen
Psychosozial-Verlag

**Robert D. Hinshelwood, Wilhelm Skogstad (Hg.)**
**Organisationsbeobachtung**
Psychodynamische Aspekte der Organisationskultur im Gesundheitswesen
edition psychosozial
Psychosozial-Verlag

2006 · 242 Seiten · Broschur
EUR (D) 22,– · SFr 38,50
ISBN 3-89806-446-8 · 978-3-89806-446-0

2006 · 237 Seiten · Broschur
EUR (D) 29,90 · SFr 52,–
ISBN 3-89806-566-9 · 978-3-89806-566-5

Unsere Gesellschaft ist in einem rasanten Wandlungsprozess begriffen. Welche Auswirkungen hat dieser, verbunden mit damit einhergehenden psychosozialen Prozessen, auf gesundheitliche sowie gesundheitspolitische Fragen? Wohin entwickelt sich das Verhältnis zwischen Arzt/Ärztin und Patient/Patientin? Was bedeutet in diesem Zusammenhang die »Kundenorientierung« aufseiten der Patienten? Gibt es weiterhin den so genannten Sozialschicht-Gradienten? Wie hängen diese Entwicklungen mit dem Älterwerden der Menschen und mit neu definierten Geschlechterrollen zusammen? Zu diesen vielfältig miteinander verflochtenen Fragen gibt dieser Band aktuelle Informationen; er beleuchtet aus verschiedenen Perspektiven die psychologischen und soziologischen Prozesse, die sich aus diesen Wandlungsprozessen ergeben.

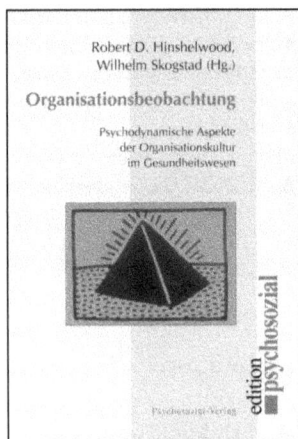

Hinshelwood und Skogstad präsentieren eine neue Form der Organisationsbeobachtung von Institutionen des Gesundheitswesens. Aufgrund jahrelanger Beobachtungen kleiner Untereinheiten beschreiben die Beiträger interne psychodynamische Prozesse. Die psychoanalytisch orientierte Analyse dieser Prozesse liefert wichtige Erkenntnisse über Entwicklungspotenziale oder Hindernisse bei Umstrukturierungsmaßnahmen und bietet Problemlösungsansätze bei offenen und verdeckten Konflikten. Das Buch unterstützt Mitarbeiter des Gesundheitswesens sowie Ausbilder und Manager dabei, die Funktionsmechanismen und Schwierigkeiten ihrer Organisationen besser zu verstehen, und liefert so wertvolle Anregungen für das Selbstmanagement und die tägliche Arbeitsorganisation.

**P🔲V**
**Psychosozial-Verlag**

Goethestr. 29 · 35390 Gießen · Tel. 06 41/ 9716903 · Fax 77742
bestellung@psychosozial-verlag.de
www.psychosozial-verlag.de

# Aggressive alte Männer: Zwischen Persönlichkeitsstörung, Naziideologie, Narzissmus und Identitätsdiffusion

*Bertram von der Stein (Köln)*

## Zusammenfassung

In Fallvignetten wird der schwierige therapeutische Umgang mit aggressiven alten Männern verdeutlicht. Für die Entstehung dieser Aggressivität spielen neben aktuellen Belastungen u. a. dekompensierte präödipale Störungen, Folgen von Traumatisierungen und biographische Belastungen eine Rolle. Aus psychohistorischer Perspektive wird auf die besondere Problematik älterer Deutscher vor dem Hintergrund des Nationalsozialismus und älterer Migranten mit transkulturellen Irritationen aufmerksam gemacht und mögliche therapeutische Konsequenzen aufgezeigt.

**Stichworte:** aggressives Verhalten, alte Männer, Nationalsozialismus, Migration, Kastrationsangst

## Abstract: Aggressive Elderly Men: in Between Personality Disorder, Nazi Ideology, Narcissm and Identity Diffusion

Case reports show the difficult interaction with aggressive old men in therapy. The origins of this aggressiveness are mainly mentioned as the following: topical stress, preoedipal personality disorders, consequences of psychic traumas and biographical stress. This article touches on the special ambiguity of elderly German men seen against the background of National Socialism and elderly male migrants against the background of transcultural stress. It aims at showing possible consequences concerning therapies by including a psychohistorical perspective.

**Key words:** aggressive behaviour, old men, National Socialism, migration, castration anxiety

# Einleitung

Die heute 60 bis 90-jährigen Männer sind unmittelbar oder mittelbar von den Folgen des Nationalsozialismus und des Zweiten Weltkriegs berührt. Gerade bei den Hochaltrigen, die sich nicht auf die »Gnade der späten Geburt« berufen können und die zumindest in der Adoleszenz hätten potentielle Täter sein können, stellt sich unweigerlich die Schuldfrage, insbesondere dann, wenn sie im Erstkontakt sehr aggressiv sind. Therapeuten sind oft in einem Dilemma angesichts von Gegenübertragungsphänomenen, die mit eigenen Vätern und Großvätern zu tun haben. Die Gefahr in eine moralisierende und inquisitorische Haltung zu verfallen ist ebenso gegeben, wie einem kollektiven Abwehrprozess des Verschweigens und Tabuisierens zu folgen. Bei vielen alten Männern, die durch den Krieg traumatisiert sind, ist eine Differenzierung von Täter- und Opferrolle kaum möglich. Das späte Bekenntnis von Günter Grass über seine SS-Vergangenheit und die Diskussion über die Zugehörigkeit des gegenwärtigen Papstes zur Hitlerjugend zeigen das brisante Spannungsfeld auf.

Aber nicht nur die Nazi-Vergangenheit sondern auch die Umbrüche der 60er Jahre mit der Frauenbewegung spielen bei der Entwicklung einer aggressiven Grundhaltung eine Rolle, in dieser Zeit wurden viele Männer zutiefst verunsichert und Kastrationsängste bei ihnen mobilisiert.

Auch viele alt gewordene Männer aus patriarchalisch geprägten Ländern, die in den sechziger Jahren nach Deutschland migrierten und zahlreiche Ohnmachtserfahrungen machten, wehren diese mit betont männlichen und aggressiven Verhaltensweisen ab.

Schließlich sei auf das Tabu hingewiesen, das den therapeutischen Umgang oft erschwert: Es ist für Therapeuten schwierig, mächtige Männer – letztlich die Väter – machtlos zu sehen. Die folgenden Vignetten demonstrieren den schwierigen Umgang mit aggressiven alten Männern, ohne die vielschichtigen Probleme erschöpfend behandeln zu können.

# Fallvignetten

## Narzissmus und Nazismus

*Ein 82-jähriger ehemaliger Polizeihauptkommissar wird von Angehörigen zu einer psychotherapeutischen Behandlung gedrängt, da er sich seit einem leichten Schlaganfall depressiv und wertlos fühle. In den fünf Stunden Vorgespräch fällt sein durchgängig aggressiver, entwertender aber auch selbstentwertender Ton auf: Er fühle sich wie ein Krüppel und Kretin. Seine Äußerungen sind durchsetzt mit Vokabeln, die wie aus einem schmalen Setzkasten nationalsozialistischer Sprache kommen, wie robust, herrisch, brutal, jämmerlich und graniten. Es fallen außerdem die vielen Superlative auf, wie am höchsten, am schwersten, am härtesten und am brutalsten. Sozialdarwinistisches Gedankengut, dass in einem gesunden Körper ein gesunder Geist lebe, dass die heutige Kultur insbesondere die Amerikanisierung die Menschen zur Verweichlichung getrieben habe und dass das Deutschtum durch Ausländer unterhöhlt werde, prägten die Stunden. Seinen Hass auf »Sozialparasiten und Gesindel« formulierte er provozierend. Sport spielte für ihn offenbar eine große Rolle.*

*In der Gegenübertragung hatte ich zwiespältige Gefühle. Einmal entsprach ich sicherlich nicht dem Idealbild eines Sohnes, ferner ertappte ich mich, ihn als Nazitäter zu verurteilen. Andererseits erschreckte mich seine zunehmende Ohnmacht, die er mit markigen Sprüchen und Ressentiments abzuwehren versuchte. Je mehr er Vertrauen fasste, desto häufiger sprach er Nazivokabeln wie »lebensunwertes Leben« und »Endlösung« aus. Gerade der letzte Begriff, den er auf sich bezog, zeigte mir seine erhöhte Suizidalität, die er jedoch vehement bestritt.*

*In den fünf Stunden machte er deutlich, wie sehr er von seiner Mutter vor allem wegen seiner Sportlichkeit und seiner körperlichen Attraktivität bevorzugt worden war. Diese Bevorzugung war aber von Leistungen abhängig. Seine Erfolge in der Jugend und in NS-Verbänden und später auch in der SS seien von der Mutter immer unterstützt worden. Seinen Vater habe er schwach erlebt, zumal er sich nicht mannhaft den Anforderungen des Krieges gestellt habe. Ich spürte in der vierten Stunde eine sich entwickelnde Vaterübertragung, hielt mich aber mit einer Schnellschussdeutung zurück.*

*Der Patient distanzierte sich in der Nachkriegszeit oberflächlich vom nationalsozialistischen Gedankengut. Bei der Kriminalpolizei machte er*

*Karriere, bekleidete dort eine leitende Position und galt als »harter Hund«. Zu seinen drei Söhnen habe er immer eine gespannte Beziehung gehabt. Seit einem Schlaganfall, der glimpflich abgelaufen sei, fühle er sich entwertet, da er geringe Merkfähigkeitsstörungen habe und nicht mehr so gut laufen könne.*

*Auf eine weitere Therapie wollte sich der Patient nach fünf Sitzungen nicht einlassen, da er es selbst schaffen wolle. In einem längeren Brief schilderte er, dass es nicht mehr lohne, einen alten angeknacksten Mann wiederherzustellen. Beunruhigt machte ich den Hausarzt auf die Suizidalität des Patienten aufmerksam. Gesprächsangebote lehnte er aber ab mit der Begründung, es gehe ihm besser.*

*Ein dreiviertel Jahr später, nach einem Sturz beim Sport mit der Folge eines Knöchelbruchs, setzte er seinem Leben ein Ende indem er sich mit einem Gewehr, das er an den Mund ansetzte, erschoss.*

## Dekompensierte emotional instabile Persönlichkeitsstörung

*Herr S., ein pensionierter Straßenbahnfahrer, kam auf Anraten seiner Enkelin zum Gespräch. Nach dem Tod seiner Ehefrau, mit der er 50 Jahre verheiratet gewesen war, habe er sich zurückgezogen. Er habe Kinder, Enkel und Urenkel brüskiert und habe sogar mit Jugendlichen eine Schlägerei provoziert. Einem Nachbar sei aufgefallen, dass Herr S. in Vorgärten Blumen herausreiße und Briefkästen zerkratze. Mit der Sorge, der Großvater sei dement, brachte ihn die Enkelin in die Therapie.*

*Nach den Vorgesprächen, in denen der Patient anfänglich heftigen Widerstand bot und den Therapeuten abwertete, wurde sein Schicksal deutlich. Der Patient ist das sechste von zehn Kindern eines Schaustellerehepaares. Die Familie des 1926 geborenen Patienten habe am Rande der Gesellschaft gestanden und in einem verrotteten Eisenbahnwagen gelebt. Die Mutter, oft schwanger, sei schroff, zurückweisend und kalt gewesen und habe ihn oft geschlagen. Der häufig betrunkene Vater habe gegen die kapitalistische Ausbeuterklasse gehetzt und Sprüche geäußert, wie Friede den Hütten, Kampf den Palästen. Durch Vermittlung eines Freundes der Familie habe Herr S. eine Schlosserlehre absolvieren können, bevor er zum Kriegsdienst eingezogen wurde. An der Front seien viele Kameraden gefallen. Nur durch Zufall habe er überlebt. Nach dem zweiten Weltkrieg sei er Straßenbahnfahrer geworden und habe später ein Straßenbahndepot geleitet, sei also beruflich aufgestiegen.*

*Entscheidend für sein weiteres Leben sei eine junge Frau mit einem unehelichen Kind gewesen, die er kurz nach dem Krieg heiratete. Da seine Herkunftsfamilie ihm nach dem Krieg ganz wenig Rückhalt bot, kamen ihm die mütterlichen Eigenschaften seiner Frau, mit der er noch fünf weitere Kinder hatte, sehr gelegen. Er berichtet von seiner Streitsucht in jüngeren Jahren, von seiner Tendenz zu Sachbeschädigungen, er habe als Bürgerschreck gegolten. Innerhalb der 50-jährigen Ehe habe er sich stabilisiert, habe den sozialen Aufstieg geschafft, ein Haus gebaut und zwei seiner Kinder studieren lassen.*

*In einer analytischen Gruppentherapie mit Älteren konnte er alte Ressentiments und Verletzungen ansatzweise durcharbeiten. So verwickelte er sich mit einem gleichaltrigen Akademiker in Diskussionen über den gesellschaftlichen Status und über Gesellschaftsschichten. Spaltungen in nur gut und nur böse kamen in der Herabsetzung einiger Mitpatienten oder in inadäquaten Idealisierungen zum Ausdruck. Im Laufe der Therapie wurde ihm schmerzlich deutlich, dass die verstorbenen Ehefrau, zu der eine symbiotische Beziehung bestanden hatte, ihm die fehlende Mütterlichkeit ersetzt hatte, sie hatte ihm geholfen, weitere Hürden im Leben zu bewältigen.*

*Nach deren Tod tauchte die alte Aggressionsproblematik wieder auf. Entsprechende Deutungen über die schwierige Beziehung zur eigenen Mutter und eine angemessene Durcharbeitung der Trauer ermöglichten dem Patienten, neue Kontakte zu knüpfen und sich adäquater zu verhalten. Die vom Hausarzt geäußerte Diagnose eines hirnorganischen Abbaus erwies sich im Verlauf der Therapie als eindeutig falsch. Mittlerweile ist er gut im Kontakt und hat seine Rückzugstendenzen überwunden.*

## Aggression und Scham bei phallisch-narzisstischer Regression

*Ein pflegebedürftiger, an einem Bronchialkarzinom erkrankter pensionierter Richter, Herr M., der auf der Geriatriestation eines ländlichen Allgemeinkrankenhauses lag, wurde gegenüber dem weiblichen Pflegepersonal verbal anzüglich und aggressiv. Etliche Male hatte er eingenässt, gerade als ihn die Schwestern versorgten. Er konnte nur mit Hilfe Fremder urinieren. Als er zusätzlich die Nahrung verweigerte und auf seine ebenfalls chronisch kranke Frau einschlug, wurden klärende Gespräche notwendig, die in eine Kurzzeittherapie mündeten.*

*Obwohl erst 1928 geboren, wurde er vor Kriegsende noch eingezogen*

*und verlor als Flakhelfer bei einem Bombenangriff den rechten Unterschen-*
*kel. Seine Eltern und ein Bruder kamen im Krieg ums Leben. Nach dem*
*Krieg heiratete er eine ihn versorgende Krankenschwester, die ihm auch das*
*Jurastudium finanzierte. Seine Eltern, der Vater ein strenger Lehrer und die*
*Mutter eine liebevolle und versorgende Hausfrau, seien gut katholisch und*
*erklärte Nazigegner gewesen. Den Tod der Eltern und des Bruders empfand*
*er als ungerecht. Spürbar war auch, dass er den von der Mutter offenbar be-*
*vorzugten früh verstorbenen Bruder ersetzen musste.*

*Nach dem Krieg heiratete er die Krankenschwester und bekam mit ihr*
*acht Kinder. Beruflich war er erfolgreich, wenngleich ihm als Richter das*
*Fehlen einer höheren Gerechtigkeit immer zugesetzt habe. Er meinte, als*
*Kriegsbeschädigter besonders leistungsfähig sein zu müssen. Dies bezog*
*sich, wie er schamhaft zugab, auch auf seine Zeugungskraft, mit ihr konnte*
*er Ersatz für die verstorbenen Verwandten schaffen. Gerade nach Verlust ei-*
*nes Beines sei sein »drittes Bein« für ihn enorm wichtig gewesen. Der Penis*
*sei für ihn nicht nur Männlichkeitssymbol sondern ein Garant für eine Le-*
*ben spendende Kreativität, die, wie Hirsch (1999) formulierte, für Personen*
*wichtig ist, die schwere Verluste in der Verwandtschaft erlitten haben.*

*Das Gefühl dieser Kraft hätte ihn bis zu seiner Tumorerkrankung hochge-*
*halten. Nun sei er unheilbar krank und es sei ihm vor allem vor attraktiven*
*Krankenschwestern peinlich, dass er noch nicht einmal selbständig urinieren*
*könne. Im Laufe der weiteren Therapie, die sich zu einer Sterbebegleitung ent-*
*wickelte, gelang es dem Patienten, sich mit seiner Furcht, durch Schwäche*
*und Niederlagen seine Identität zu verlieren, auseinanderzusetzen. Erstmals*
*konnte er dann seine Todesangst zulassen. Trotz seiner Beschädigung habe*
*er sich meist wie ein Sieger gefühlt. Er müsse auch lernen, mit dem Siegen*
*aufzuhören. Gelungenes und weniger Gelungenes waren weitere Themen,*
*auf die er bilanzierend einging. In Bezug auf seine verschiedenen Rollen im*
*Leben konnte er ohne Selbstentwertung von der eigenen Ersetzbarkeit spre-*
*chen. Die Angst als Mann entwertet zu sein schwand allmählich, gleichwohl*
*war es ihm angenehmer, von Männern gepflegt zu werden. Auch die Ag-*
*gression gegen seine Ehefrau ging zurück.*

*In den darauf folgenden Wochen erhielt er viel Besuch von Kindern und*
*Enkeln. Dies wirkte auf mich wie ein halb bewusstes Abschiednehmen.*
*Nach der vorletzten bewilligten Therapiestunde empfing er die Sterbesakra-*
*mente der katholischen Kirche und verstarb fünf Tage später.*

*Die Vermutung des behandelnden Internisten, der Patient sei aufgrund von Hirnmetastasen »wesensverändert« gewesen, bestätigte sich nicht. Herr M. deutete an, dass er sich trotz allen Erfolges immer als nicht genügend empfunden habe, er habe sich immer mit dem verstorbenen und idealisierten Bruder vergleichen müssen. Deshalb entwickelte er gegenüber seiner Mutter und später Frauen gegenüber einen unterschwelligen Hass. Dass sein Lebenswerk dennoch genügend gut war, entlastete ihn. Angesichts seines Zustandes vermieden er und sein Therapeut jedoch seinen Hass auf die Mutter und auf Frauen weiter durchzuarbeiten.*

## Feindseligkeit, Kastrationsangst und Zwangvorstellung bei älterem Migranten

*Der 60-jährige Herr O. verstand sich als westlich orientierter, liberaler kurdischer Allevit. In den 80er Jahren hatte er die deutsche Staatsangehörigkeit erworben und sich politisch im Ausländerbeirat engagiert. Der Vater von drei Kindern, der sich wegen einer depressiven Verstimmung einer Psychoanalyse unterzog, hatte im letzten halben Jahr verschiedene Belastungen erlebt:*

*– Die uneheliche Schwangerschaft seiner Tochter, die mit einem Deutschen entgegen seinem Willen zusammenlebt,*

*– Der berufliche Erfolg seines Sohnes, der nach dem Studium Notar geworden war, sich aber weitgehend von ihm entfremdete,*

*– Das Drängen seines Arbeitgebers, seine Tätigkeit als Vorarbeiter in der Autoindustrie aufzugeben und in den vorzeitigen Ruhestand zu gehen.*

*Nach einem Arbeitsgerichtsprozess bekam er eine Abfindung. Kurz danach erlitt er einen Herzinfarkt.*

*Im Laufe der Therapie stellte sich folgende, belastende Zwangsvorstellung ein, deren Bearbeitung einen Wendepunkt in der Therapie darstellte: Beim Eintauchen in das kalte Wasser des Schwimmbades schrumpften Penis und Skrotum (Hodensack), dies ist physiologisch. Nachdem er dies wahrgenommen hatte, entwickelte er zwanghaft die Angst, das Genitale werde vom Körper verschlungen und nach innen gewendet, er sei dann kein Mann mehr. Bei dieser Befürchtung traten Panikattacken auf. Ich hatte den Eindruck, dass es bei dem Patienten zu einer Genitalisierung des Körperselbst gekommen war, wie wenn der Penis für das Gesamte stehe (pars pro toto, Lewin 1989).*

*Sein Vater war verstorben, als er 4 Jahre alt war. Er habe eine enge Bezie-*
*hung zur Mutter gehabt. Sie sei als Witwe von den Verwandten unterstützt*
*worden. Mit 15 Jahren ging er nach Istanbul, um dort für einen Hungerlohn*
*in einer KFZ-Werkstatt zu arbeiten. Er habe sich dort ausgenutzt gefühlt und*
*hatte Heimweh. Mit 18 Jahren ließ er sich nach Deutschland anwerben und*
*hatte seither vierzig Jahre in der Autoindustrie gearbeitet.*

*Die vom Patienten beschriebene Vorstellung erinnert an das durch den*
*niederländischen Psychiater van Brero 1897 erstmalig beschriebene Symp-*
*tom der genitalen Retraktion. Die Störung ist auch unter dem Namen Koro*
*oder in China als Suo Yang bekannt. Betroffene erleben anfallsartig ein*
*Schrumpfen und Zurückziehen des Penis und des Skrotums in den Bauch,*
*was mit einem Angstanfall einhergeht. Urologisch sind keine Veränderungen*
*am männlichen Genitale zu finden.*

*Zu Beginn der Therapie verhielt sich Herr O. mir gegenüber mürrisch*
*und feindselig. Er trat dabei offen aggressiv, kontrollierend, rivalisierend,*
*aber sehr selbstunsicher auf und sprach viel über Statusfragen. Anfangs ka-*
*men mir Zweifel, ob sich eine tragfähige Beziehung entwickeln könne. Als*
*Herr O. in einem stabilen therapeutischen Bündnis seine Kastrationsängste*
*durcharbeiten konnte, trat eine deutliche Besserung ein. Übertragungsdeu-*
*tungen und auch rekonstruktive Deutungen erwiesen sich als hilfreich. So*
*konnte er sich sowohl mit seinem überhöhten Vaterideal als auch mit dem*
*Abwehrcharakter seiner ausgeprägten Leistungsbezogenheit vor dem*
*Hintergrund seiner Kränkbarkeit auseinandersetzen. Gespräche mit seiner*
*Tochter halfen, gegenseitig mehr Verständnis zu entwickeln. Der ödipale*
*Verzicht (Gerlach 2002) auf seine Tochter, deren Beziehung und Mutter-*
*schaft er anerkannte, ging zeitlich einher mit dem Rückgang seiner Kastra-*
*tionsängste. Auch sind offenbar seine moralischen Überich-Normen milder*
*geworden. Bezüglich seiner diffusen und divergierenden Ichideal-Vorstel-*
*lungen, nämlich gleichzeitig ein mächtiger traditioneller Familienvater und*
*ein Vorzeigeausländer mit liberalen Wertvorstellungen sein zu müssen, ist*
*eine Differenzierung und eine weitere Klärung und Integration zu spüren.*

## Diskussion

Der von Freud für die bürgerliche Gesellschaft des 19. Jahrhunderts beschriebene Zustand der Hörigkeit des Weibes ist in unserer Gesellschaft nach

der sexuellen Revolution der sechziger Jahre weitgehend überwunden, wenngleich auch heute noch viele Residuen patriarchalischer Strukturen wirksam sind. Viele Männer, gerade ältere, empfinden die weibliche Emanzipation als Bedrohung. Die Gebrechlichkeit und Impotenz mancher alter Männer (Fall 3 und 4) mobilisiert zudem auch frühe archaische Ängste vor der übermächtigen Mutter, der kreativen, gebärfähigen Frau (Bettelheim 1975) oder der bedrohlichen Vagina dentata. Nach Lewin (1989), der sich auf Ferenczi bezieht, sei in der phallozentrischen Kultur der Neid der Männer auf den weiblichen Körper in den Untergrund gedrängt; es komme, zu einer Genitalisierung des Körpers, bei der der Penis als pars pro toto für den Gesamtkörper steht. Der beschädigte Phallus reiche nicht mehr aus, um archaische Ängste abzuwehren, so dass manchmal verbale Ausfälle gegen weibliches Pflegepersonal und pseudodominantes Rivalisieren mit jüngeren Männern Mittel der letzten Wahl sind, insbesondere bei Patienten mit einer narzisstischen Problematik.

Khan (1979) und Hirsch (1992) wiesen auf die Rolle von pathogenen Mutterbeziehungen hin. Für Mütter, die nur eine ungenügende Eigenentwicklung durchlaufen konnten, können Söhne eine andersgeschlechtliche Erweiterung des unvollständig empfundenen eigenen Selbst bedeuten. Überschätzung und Idealisierung ersetzten eine echte Objektbeziehung. Nach Olivier (1987) liegen hierin die Wurzeln der Frauenfeindlichkeit jener Männer, die von Müttern in Selbstobjektbeziehungen zu lange festgehalten wurden und die durch Entpersönlichung der Beziehungen zu Frauen sich dafür rächen. Dieser Modus der ödipal anmutenden, in Wirklichkeit aber den Vater als dritten jedoch ausschließenden Mutterbeziehung trifft auf die Schilderungen des ersten Patienten zu und passen auch gut zu Darstellungen der Mutterbeziehung Adolf Hitlers (Fest 1973, Chamberlain 2000, Läpple 2001).

In psychotherapeutischen Behandlungen aber auch in belastenden Pflegesituationen kann es zur Regression kommen, in der sich verschwunden geglaubtes nationalsozialistisches Vokabular zeigt. Ohlmeier (1994) beobachtete dies vor allem in Behandlungsphasen, die von destruktiv narzisstischen Übertragungsvorgängen beherrscht werden. Diese Sprache ist dann nicht nur anhand von Inhalten und begleitenden Affekten erkennbar, sondern auch an der Syntax.

Die Nazierziehung mit ihrer Überbewertung des Willens, der Leistung, der Kraft, der Expansion und des Nutzens leitet Destruktionstendenzen projektiv in Ideale strammer Gesundheit und kriegerischer Tüchtigkeit und Effektivität um, die sich letztlich gegen die eigene Person wenden, wenn diese im Alter und bei Gebrechlichkeit nicht mehr zu erreichen sind. Theweleit (1985) weist in seinen »Männerphantasien« auf die verheerende Wirkung von nationalsozialistischer Indoktrination und soldatischem Drill auf den Umgang mit dem eigenen Körper und der eigenen Sexualität hin. Zucht, Ordnung und Disziplin können das bedrohte Selbst nicht mehr retten. Es besteht eine Unfähigkeit, produktiv mit Niederlagen und Verlusten umzugehen. Vor allem tritt aber Angst auf, als schwach bloßgestellt und überwältigt zu werden. So wird die fassungslose Wut gegen das eigene Selbst gewendet.

Ein neues stabiles Selbstverständnis ist für viele der älteren Männer besonders schwierig, deren Vaterbild durch die Folgen des Nationalsozialismus erheblich beschädigt worden ist. Der Vater wird in Deutschland besonders kritisch hinterfragt. A. Mitscherlich (1963) betont in seinem Buch »Auf dem Weg zur vaterlosen Gesellschaft«, dass bei Verblassen des Vaterbildes eine Identifizierung und eine Auseinandersetzung mit ihm nicht möglich sei. Die Krise traditioneller Institutionen in Westeuropa nach dem Wirtschaftswunder und die sexuelle Revolution führten zur weiteren Verunsicherung der Männerrolle.

Diese Entwicklungen irritieren auch viele, mittlerweile alt gewordene Männer, die als Arbeitsmigranten nach Deutschland kamen. Sie waren als Väter Ernährer der Familie ohne Teilhabe an deren Innenleben. Mütter vermittelten meist zwischen den Vätern, die in ihrer Autorität bedroht waren, und den Integrations- und Freiheitswünschen der Kinder und kamen so in Loyalitätskonflikte. In der heutigen Gesellschaft kann der Vater von der übrigen Familie sogar ausgeschlossen, informell entmachtet und »kastriert« werden. Als Reaktion gegen eine drohende Depotenzierung sind viele ältere männliche Migranten besessen von ihrer Autorität. So bewacht der im Status erschütterte Vater beispielsweise die sexuellen Regungen seiner Tochter gegenüber männlicher Konkurrenz, insbesondere wenn diese außerhalb der eigenen Ethnie herkommt. Nichteheliche Sexualität wird unterdrückt und sanktioniert. Zum Schutz der Familienehre ist die Jungfräulichkeit (Virginität) der Töchter maßgeblich (Schmidt-Koddenberg 1989), die bedrohte töchterliche Virginität verursacht Ohnmachtsgefühle der Väter. In »Das Tabu der Virginität« weist Freud auf den Zusammenhang dieser Problematik mit dem Kastrationskomplex hin.

Migrationsdruck verschärft traditionell kohäsive, patriarchalische Familienstrukturen (Erim-Frodermann 1999), was mit einer verstärkten Wertschätzung traditioneller Moralvorstellungen einhergeht und was zu Konflikten älterer Männer mit ihren erwachsenen Kindern, insbesondere mit ihren Töchtern führt.

Das Selbst älterer männlicher Migranten ist oft auch durch Sprachschwierigkeiten, Statusverlust, Relativierung traditioneller Rollen, Arbeitsplatzprobleme und Partnerschaftskonflikte bedroht. Hinter Aggressionsaufwallungen scheinen nicht nur ödipale Kastrationsangst, sondern auch frühe Ängste vor narzisstischer Fragmentierung und existentieller Vernichtung durch. Nach Gerlach (2002) geht es um eine imaginäre Kastration, um Bedeutungen und Folgen meist unbewusster Phantasien. In bildhaften Phantasien, Träumen und Zwangsvorstellungen, wie bei dem Patienten der dritten Vignette, verdeutlicht sich die Zerrissenheit mancher Migranten in Bezug auf Wertvorstellungen wie in einem Brennglas.

Konflikte mit der Sexualität spielen in der Pubertät und Adoleszenz aber auch im Alter eine große Rolle. Dazu tragen divergierende Vorstellungen von Sexualität, Generativität und Geschlechterrollen in den Herkunftsländern und im Aufnahmeland bei. Generell besteht in allen postindustriellen Gesellschaften eine Tendenz zur Individualisierung und Relativierung von Rollen und Riten, so dass Geschlechtsidentität und Geschlechterrollen auch im Alter nicht mehr starr vorgegeben werden, was einerseits mehr Freiheit, andererseits mehr Verunsicherung bedeutet.

## Schlussbetrachtung und Empfehlungen für die Praxis

Aggressives Verhalten alter Männer kann zahlreiche Ursachen haben. Es wurden hier Fälle ausgewählt, bei denen aktuelle Aggressivität mit der Reaktivierung kompensierter Konflikte, Störungen und Traumatisierungen zusammenhingen. Der therapeutische Umgang rührt an manche Tabus: Wie ist z.B. die Schwäche eines Vaters in der Übertragung auszuhalten oder wie lässt man sich nicht – wie Windel (2004) es formulierte – in Vor-Urteile über die tatsächliche oder postulierte Nazi- oder SS-Vergangenheit eines Patienten verstricken. Insbesondere der sehr destruktive erste Patient bot hierfür viele Gelegenheiten.

Als Analytiker oder Therapeut kann man niemals der Richter eines Patienten sein, was nicht bedeutet, dass man, wie bei anderen Patienten auch, die Behandlung eines Täters ablehnen kann, insbesondere dann, wenn die eigene familiäre Historie der des Patienten ähnlich ist. Es ist wichtig, die individuelle Biographie eines alten Mannes differenziert vor dem psychohistorischem Hintergrund zu verstehen und dabei trotz aller diagnostischer Schwierigkeiten zu versuchen, eine klare psychodynamisch fundierte Diagnose zu stellen, bei der präödipale Fixierungen und Persönlichkeitsstörungen von neurotischen, psychotischen und hirnorganischen Krankheiten unterschieden werden. Auch in Regressionszuständen deutlich auftretendes Nazivokabular sollte nicht dazu verleiten, unbedarft in die Täter- Opferfalle zu tappen. Eine kritische Jahrgangsdifferenzierung verhindert ebenso wie detaillierte Kenntnisse über die deutsche Geschichte und Geographie, besonders in Bezug auf die verlorenen Ostgebiete, pauschales, dem Individuum nicht gerecht werdendes, therapeutisches, Agieren. Es ist zu bedenken, dass Millionen von Menschen mit diesen Begriffen groß wurden, die Erziehungsideale dieser Zeit galten auch in nicht ausgewiesenen Nazifamilien noch nach 1945 weiter. Die nationalsozialistische Sprache ist 1945 nicht untergegangen und wurde oft unbewusst an die nachfolgende Generation weitergegeben. Jüngere deutsche Psychotherapeuten sollten reflektieren, was davon in ihrer Familie transgenerational weitergegeben wurde, um ältere Patienten zu verstehen. Gerade bei ungesteuerten und vergröberten Aggressionen ist davor zu warnen, die Diagnose einer Demenz zu stellen und Frühstörungstendenzen oder Auswirkungen von Traumatisierungen zu übersehen.

Die Therapie älterer männlicher Migranten schafft für jüngere Deutsche komplizierte Übertragungs- und Gegenübertragungssituationen. Güc (1991) weist aus familientherapeutischer Sicht auf die Notwendigkeit hin, die biographischen Besonderheiten von Migranten kennen zu lernen. Das Interesse an fremden Sitten und Gebräuchen, die Fähigkeit eigene Vorstellungen von einem anderen Standpunkt betrachten zu können und ein Verständnis von bildhaften Schilderungen und dramatisch agierter Szenen verhindern voreilige Fehldiagnosen (Persönlichkeitsstörungen, Psychose, Demenz). In der Behandlung können sexuelle Leitbilder und Tabus, die zur Zeit der infantilen Identitätskrisen bestanden, in spezifischen Übertragungen und Widerständen zu Tage treten. Deshalb sollte man der identitätsfördernde Bedeutung mystischer und magischer Vorstellungen und religiöser Tabus (Kraft 2004) mit Respekt begegnen. Patienten mit hochgesteckten emanzipatorischen Zielen zu überfordern ist kontraproduktiv. Der behutsame Umgang mit schambesetzten Themen im sexuellen Bereich gehört gerade bei aggressiven alten Männern in einen analytischen Prozess, der sowohl als Schutz wie auch als Grenze fungiert. Generell ist eine ödipal anmutende Verstrickung von Therapeuten mit Vätern in Übertragung und Gegenübertragung selbstkritisch zu reflektieren. Es gilt bei aggressiv entwertenden Männern nicht in rivalitätsgetöntes Gegenübertragungsagieren zu verfallen oder die Rollenerwartung einer passiv-bravversorgenden Tochter umzusetzen, sondern zunächst den Abwehrcharakter aggressiven Verhaltens zu erfassen und manchmal, mit zeitlicher Verzögerung, Anknüpfungspunkte für eine tragfähige therapeutische Beziehung zu finden.

## Literatur

Bero PCJ van (1897) Koro: eine eigentümliche Zwangsvorstellung. Allgemeine Zeitschrift für Psychiatrie 53: 669–773.

Chamberlain S (2000) Adolf Hitler, die deutsche Mutter und ihr erstes Kind. Gießen (Psychosozial-Verlag).

Erim-Frodermann Y (1999) Psychotherapie mit Migranten. In: Senf W, Broda W (Hg) Praxis der Psychotherapie, ein integratives Lehrbuch der Psychotherapie. Stuttgart (Thieme) 634–639.

Fest J (1973) Hitler. Frankfurt, Berlin, Wien (Ullstein).

Freud S (1912) Beiträge zur Psychologie des Liebeslebens II. Über die allgemeine Erniedrigung des Liebeslebens. Studienausgabe Bd.V. Frankfurt a. M. (Fischer 1972) 197–209.

Freud S (1918, 1917) Beiträge zur Psychologie des Liebeslebens III. Das Tabu der Virginität. Studienausgabe Bd.V. Frankfurt a. M. (Fischer 1972) 211–223.

Gerlach Alf (2002) Kastration. In: Mertens W, Waldvogel B (Hg) Handbuch psychoanalytischer Grundbegriffe. Berlin, Stuttgart (Kohlhammer).

Güc F (1991) Ein familientherapeutisches Konzept in der Arbeit mit Immigrantenfamilien. Familiendynamik 16: 3–23.

Hirsch M (1992) Mütter und Söhne - Formen von Männlichkeit im Licht der Mutter-Sohn-Beziehung. In: Plüger PM (Hg) Der Mann im Umbruch. Olten, Freiburg i. B. (Walter).

Hirsch M (1999) Die Wirkung schwerer Verluste auf die zweite Generation am Beispiel des Überlebenschuldgefühls und des »Ersatzkindes«. In: Schlösser AM, Höhfeld H (Hg) (1999) Trennungen. Gießen (Psychosozial) 125–136.

Kraft H (2004) Tabu. Magie und soziale Wirklichkeit. Düsseldorf/ Zürich (Walter).

Läpple A (2001) Adolf Hitler. Psychogramm einer katholischen Kindheit. Stein Am Rhein (Christiana Verlag).

Lewin BD (1989) Der Körper als Phallus. Psyche 2: 150–170.

Mitscherlich A (1963) Auf dem Weg zur vaterlosen Gesellschaft. München (Piper).

Ohlmeier D (1994) Nazifaschistische Züge in der Sprache heutiger Psychoanalysen. In: Bohleber W, Drews J (Hg) »Gift das Du unbewusst eintrinkst...«. Der Nationalsozialismus und die deutsche Sprache. Bielefeld (Aisthesis Verlag).

Schmidt-Koddenberg A (1989) Akkulturation von Migrantinnen. Opladen (Leske u. Budrich).

Theweleit K (1985) Männerphantasien Bd. 1 und Bd. 2. Basel Frankfurt a. M. (Stroemfeld/Verlag Roter Stern).

Windel K (2004) Schuldfragen und Schuldzuschreibungen mit Bezug zur Jugend im Dritten Reich. In: Radebold H (Hg) Kindheiten im II. Weltkrieg und ihre Folgen. Gießen (Psychosozialverlag).

Korrespondenzadresse:

Dr. med. Bertram von der Stein
Quettinghofstr. 10a
50769 Köln
E-Mail: *Dr.von.der.Stein@netcologne.de*

# »Vater Rhein sollte sie erlösen« Suizidale Phantasien als Schlüssel zur Persönlichkeit

*Rolf Tüschen & Petra Gruber (Bonn)*

## Zusammenfassung

In der Frühphase nach einem überlebten Suizidversuch ist die Abwehr gelockert. Der Therapeut kann Phantasien erfahren, die die Dynamik der Suizidalität erklären. Am Beispiel eines gemeinsamen Suizidversuchs eines Ehepaares wird geschildert, wie die suizidalen Phantasien auch zum Schlüssel zur Persönlichkeitsstruktur und zum vorherrschenden Muster der Objektbeziehungen werden.

**Stichworte:** Suizidale Phantasien, Dynamik der Suizidalität, Suizid und Persönlichkeit, Beziehungsstörung.

## Abstract: Suicidal Fantasies as a Key to the Personality

In the early stages after an attempted suicide, the defences are down. The therapist can find out about fantasies which explain the dynamics of the suicide. A couple's double suicide attempt illustrates how suicidal fantasies are also the key to personality structure and the predominate pattern of the object relation.

**Key words:** suicidal fantasies, dynamics of suicide, suicide and personality, relationship disorder

## Einleitung

Die aktuelle Diskussion der Suizidalität älterer Menschen beschränkt sich sehr stark auf äußere Risikofaktoren. Einsamkeit, Partnerverlust oder körperliche Erkrankung werden als ausschlaggebende Motive für einen Suizid benannt. Die inneren Konflikte und die Persönlichkeitsstruktur der Betroffenen werden dabei vernachlässigt.

K. Menninger (1933) schrieb zu den Motiven der Suizidalität: »The push is more important than the pull, i. e. the ego is driven by more powerful forces than external reality.« Die inneren Kräfte zielen nur zum Teil auf Selbstzerstörung: »Man tötet sich nicht, um nicht mehr zu leben, sondern um anders – besser – zu leben«, so K. Menninger (1938). Henseler (1974,1981) deutet »die Suizidalität als Labilisierung des narzisstischen Regulationssystems und die Suizidhandlung als krisenhaften Versuch, das gefährdete Selbstwertgefühl zu retten.« J. Kind gelingt es, in seinem Buch »Suizidal. Die Psychoökonomie einer Suche.« (1992) die spezifische Funktion der Suizidalität im Kontext des jeweiligen psychischen Strukturniveaus darzustellen. Suizidalität wird damit aus dem alleinigen Zusammenhang mit Zerstörung befreit, deutlich wird ihre regulierende Funktion, z.B. zum Erhalt des Selbstwertgefühls und der Objektbeziehungen. Nach J. Kind (2000) ist »die Dynamik der Suizidalität mittelbare Folge des Entwicklungszustands und Reifegrads der Objektbeziehungen des Patienten und bildet interpersonell seine innere Objektwelt ab.«

Unmittelbare Motive von Suizidenten drücken sich in ihren Phantasien aus. Henseler (1974) benannte als Motive Sühne, Vergeltung, Rückkehr in die Kindheit, Resignation, Wiedervereinigung mit einer toten Beziehungsperson, Wiedergeburt sowie neues Leben.

Phantasien suizidaler Menschen erfahren wir am ehesten in den ersten Stunden bis Tagen nach einem Suizidversuch. Dies kann der Erstkontakt am Ort des Geschehens sein, die Intensivstation oder die psychiatrische Aufnahmestation. Tage später hat sich die Abwehr organisiert, der betroffene Mensch zieht sich dann auf quasi vernünftige äußere Motive zurück. P. Götze (1979) beschrieb diese Besonderheit der Phänomenologie und Psychodynamik der Aufwachphase von Suizidpatienten. Sie bestätigt sich im psychiatrischen Klinikalltag immer wieder. Nie erfahren wir so viel von den Phantasien suizidaler Menschen wie im Erstkontakt.

## Zugang zu den Phantasien Suizidaler

Der direkte Zugang zu solchen Phantasien gelingt in der Regel im Erstkontakt. Der Betroffene ist oft noch aufgewühlt, erregt, berichtet von schweren Kränkungen oder Verlusten, die ihm widerfahren sind, aber auch von seinen

Rache- oder Rettungsphantasien. M. Teising (1992) folgend sollte man immer nach akuten kränkenden Erlebnissen fragen. Im unmittelbaren Kontakt mit dem Suizidenten wird der Therapeut konfrontiert mit Affekten von beispielloser Spannbreite, die von mörderischer Wut bis hin zu glückseliger Verschmelzung reichen.

Der Therapeut erlebt dabei eigene Ohnmacht, Insuffizienzgefühle und Entwertung seiner Arbeit. Er ist versucht, die Affekte des Suizidalen abzuwehren. Gelingt es ihm jedoch, die Affekte des Patienten zuzulassen, so wird dieser auch seine Phantasien äußern.

Besonders deutlich wird dies z.B., wenn sich nach einer Tablettenintoxikation ein Durchgangssyndrom entwickelt und die Abwehr gelockert ist. So äußerte in einem Fall ein Betroffener seine Wut, dass der verstorbene Partner ihn im Stich gelassen habe, aber auch seine Phantasien von der Verschmelzung mit ihm. Auf die therapeutische Frage:» Was wäre denn jetzt, wenn der Selbstmordversuch gelungen wäre?«, berichten Patienten mitunter sehr blumige, anrührende Bilder von der Wiedervereinigung mit dem verlorenen Menschen. Die Phantasien, die hier anklingen, reichen von völliger Zerstörung der relevanten Objekte bis zur Selbstauflösung in der Verschmelzung mit dem Objekt.

Neben dem direkten Zugang zu suizidalen Phantasien gibt es auch indirekte. Der Therapeut, so er dafür offen ist, erfährt diese Phantasien in der Analyse seiner Gegenübertragungsreaktion. Wehrt er sie ab oder benennt er sie? Aus unserer Erfahrung werden »positive« Phantasien Suizidaler im therapeutischen Kontakt noch stärker abgewehrt als destruktive. Sind für die Therapeuten symbiotische Phantasien bedrohlicher als zerstörerische?

Eine ungewöhnliche Form des indirekten Zugangs zu den Phantasien Suizidaler möchten wir am folgenden Fallbeispiel darlegen:

*Über viele Monate behandelten wir in unserer Klinik ein Ehepaar nach einem gemeinsamen Suizidversuch. Die örtliche Boulevardpresse hatte in reißerischer Weise über diesen Suizidversuch berichtet. Wir kannten den Artikel, lehnten ihn aber vehement ab, da er völlig unangemessen, verklärend, geradezu einladend klang. Am Ende der stationären Behandlung der Betroffenen kamen wir jedoch auf diesen Artikel zurück. Welche Phantasien hatte er eigentlich bei uns ausgelöst, welche Phantasien hatte die Tat in dem Journalisten geweckt, welche Leserphantasien vermutete er? Und die Phant-*

*asien, die das betroffene Paar geweckt hatte, waren es vielleicht auch die ihrigen, ihre Motive für den Suizidversuch?*

Wir legten den folgenden Zeitungsartikel in einem Seminar der 12. Rheinischen Allgemeinen Psychotherapietage (09.–11.11.06 in Bonn) den Teilnehmern vor. Ziel war es, die bei den Teilnehmern ausgelösten Phantasien zu sammeln und daraus eine Idee von der Realität der handelnden Personen zu entwickeln.

## Der Suizidversuch in der Boulevardpresse

Eine Zeitung berichtet unter der Schlagzeile: »Ehepaar: Vater Rhein sollte sie erlösen.« Diese dicken Lettern prangen auf einem großformatigen Bild des Rheins. Der Blick geht vom linken Rheinufer hinüber zum Siebengebirge. Eine Fähre setzt über. Das Mondlicht spiegelt sich im Wasser. Der obere Bildrand ist überschrieben mit:

»Abends um 21 Uhr gingen Bernd und Ruth P. ins Wasser.«
Der Text lautet wie folgt [Ortsangaben bleiben ausgespart]:
»Der Rhein liegt still da. Kein Schiff treibt Wellen ans Ufer. Nur der Mond wirft ein gespenstisches Licht, erhellt für einen Moment zwei Gestalten. Es ist ein prominentes Ehepaar (65/66). Er erfolgreicher Wirtschaftsmanager. Sie, aus einer bekannten ... Unternehmer-Familie. Beide stehen am ...Ufer in Höhe des ... Verharren kurz Hand in Hand – dann gehen sie ins Wasser.
Tragischer Suizidversuch am ... Rheinufer. Es ist gegen 21Uhr, als Bernd und Ruth P. (Namen geändert) dort ihrem Leben ein Ende setzen wollen. Gemeinsam.
Der Grund für den Entschluss liegt im Privaten. Vor wenigen Monaten verlor das Ehepaar einen Sohn bei einem Unfall. Besonders Ruth P. scheint an seinem Tod zu zerbrechen, sie leidet, so Informationen dieser Zeitung, zudem seit längerem an Depressionen. Beide sind lebensmüde.
Doch ob sie ihren Doppelselbstmord genau geplant haben – unklar. Fakt ist: In einer für März lauen Nacht, klettert das Ehepaar über die Brüstung, steigt langsam den leicht abfallenden Hang zum Wasser runter und über die feuchten Steine, die direkt am Ufer liegen. Noch wenige Minuten – dann wollen Bernd und Ruth P. sterben. Nur das Schicksal, das will es anders.
Denn es kommen Passanten ... vorbei. Sie sehen, wie beide schon im

Rhein sind und das Wasser an ihren Körpern höher steigt. Sie zögern keine Sekunde, rufen und reden offenbar auf die Beiden ein – mit Erfolg. Es gelingt den Zeugen, das Paar von ihrem geplanten Suizid abzuhalten. Dann holen sie Hilfe, ...[folgende Textpassage von den Autoren ausgespart]. Warum wollten sie im Rhein sterben? Somit in der Öffentlichkeit. Warum gingen sie an der ... Flaniermeile nahe des beliebten und viel frequentierten ... Hofs ins Wasser? Der Selbstmordversuch des Promi-Paars lässt viele Fragen offen.«

## Phantasien über den Boulevardbericht

Der Zeitungsartikel wurde zum einen vorgelesen, zum anderen in Kopie verteilt. Alle genannten Phantasien werden nachfolgend wiedergegeben.

Die Teilnehmer reagierten sehr unterschiedlich. Manche ließen sehr rasch eigene Phantasien zu. Andere empörten sich über diesen unsäglichen Artikel, der unwürdig über einen Suizidversuch berichte. Wiederum neigten andere Kollegen eher zu sachlichen Überlegungen.

Es gelang dann, gemeinsam eine große Zahl von Phantasien zu sammeln: Die Szenerie mute romantisch an, geheimnisvoll, beschwichtigend, aber auch gruselig. Eine Trunkenheit mache sich breit, Geltungssucht sei zu spüren, der Ehemann opfere sich. Familienphantasien, Filmphantasien, Erlösungsphantasien, kindliche Phantasien wurden wach. Gefühle des Friedens und der Harmonie des Paares wurden benannt. Gemeinsam seien sie stark. Einigkeit und ewige Liebe, das Paar gehe gemeinsam ins Bett, in ein Wasserbett. Die Retter seien doch Störenfriede.

## Phantasien über die Wirklichkeit des suizidalen Paares

Sehr schnell drängten sich den Seminarteilnehmern Phantasien über die wirkliche Lebenssituation des Paares auf: Alles sei Fassade, das Paar sei isoliert, die Ehe zerrüttet. Beide Partner seien depressiv. Sie seien finanziell pleite, die gesellschaftliche Stellung sei verloren. Der Sohn habe sich suizidiert, das Paar sei unfähig zu trauern.

# Ergebnisse der stationären Behandlung

## Die therapeutische Sicht der äußeren Wirklichkeit

Vergleichen wir die Phantasien der Seminarteilnehmer über die reale Lebenssituation des Paares mit unseren Kenntnissen aus der stationären Behandlung, so stellen wir eine Übereinstimmung in allen wesentlichen Punkten fest. Die äußere Lebenssituation wurde zutreffend beschrieben.

Anzufügen ist, dass sich weder die partnerschaftlichen und familiären Lebensziele, noch die beruflichen oder gesellschaftlichen Ziele erfüllt hatten. Der Suizidversuch erfolgte im zeitlich engen Zusammenhang mit dem Todestag des (älteren) Sohnes, der sich suizidiert hatte.

*Die Ehefrau, die im weiteren Verlauf im Zentrum der Behandlung stand, stammte aus einer großbürgerlichen Familie. Ihre Mutter dominierte die Entscheidungen der Patientin. Ihr Vater tauchte in den Gesprächen nicht auf. Offensichtlich gab es das starke Bemühen, den großbürgerlichen Lebensstil der Herkunftsfamilie fortzusetzen mit hoher gesellschaftlicher Akzeptanz. Sie schloss ihr Hochschulstudium erfolgreich ab, übte ihren Beruf aber nicht aus. Sie widmete sich der Kindererziehung und wurde ehrenamtlich sowie kommunalpolitisch tätig. Damit folgte sie einerseits einem bildungsbürgerlichen Ideal ihrer Herkunft, andererseits lässt sich vermuten, dass es ihr in diesem Kontext leichter gelang, Beziehungen zu gestalten, wobei die Qualität der Beziehungen eher von Distanz und Semiprofessionalität gekennzeichnet war.*

*Die Erwartung des beruflichen Erfolges ruhte auf dem Ehemann, seinerseits einfacher Herkunft, der den Lebensstil der Familie jedoch mit seiner selbstständigen Tätigkeit nicht alleine finanzieren konnte, so dass zunehmend das Erbteil der Ehefrau und die gemeinsame Altersversorgung aufgezehrt wurden. Es kam zur Überschuldung. Der Ehemann engagierte sich ebenfalls in Ehrenamt und Politik, geprägt durch seine soziale Herkunft. Die Eheschließung bedeutete für ihn einen gesellschaftlichen Aufstieg.*

*Vorbekannte medizinische Diagnosen waren bipolar-affektive Störungen beider Partner. Der Sohn litt an einer Depression.*

## Therapeutische Sicht der Persönlichkeit

*Dem Ehemann gelang es, sich in einer mehrmonatigen stationären und teil-stationären Behandlung soweit zu stabilisieren, dass er im häuslichen Bereich weitgehend selbstständig war. Er passte sich an die verschlechterten finanziellen Bedingungen an und reaktivierte frühere Kontakte zu seiner Unterstützung. Angestrengt bemüht, die Vergangenheit auszublenden, fokussierte er ganz auf die Gegenwartsbewältigung. Wiederholt traten Krisensituationen auf, in denen er zum regressiven Rückzug neigte. Den Therapeuten gegenüber äußerte er Vorwürfe gegen seine Ehefrau, dass sie über die eigenen Verhältnisse gelebt hätten, dass er nie soviel Geld habe verdienen können, wie er glaubte, dass sie von ihm erwartete. Er war wiederholt ärgerlich-gereizt, auch den Therapeuten gegenüber vorwurfsvoll, mitunter aggressiv angespannt. Seine Bemühungen um sozialen und beruflichen Erfolg, um Aufstieg im Verbund mit seiner Ehefrau wurden nicht belohnt, der narzisstische Gewinn blieb aus. Enttäuscht wendete er sich von ihr ab. In der Suizidalität wendete er die Enttäuschung und Aggression gegen sich selbst.*

*Die Ehefrau ihrerseits äußerte sich enttäuscht und vorwurfsvoll über ihn, der ihre Wünsche nicht erfüllen konnte und ihre Existenzgrundlage fürs Alter vernichtet hatte. Ihr Ärger auf ihn war im fortgeschrittenen Behandlungsverlauf zunehmend spürbar. Ein Aspekt der destruktiven Paardynamik zeigte sich in einer häuslichen Situation, in der sie ihm ein Messer in die Hand gab mit den Worten, er solle sie endlich umbringen, damit er dafür ins Gefängnis komme. Ansonsten engte sich das Denken der Patientin vollständig darauf ein, die Zeit zurückzudrehen, vieles ungeschehen zu machen und das Leben zum Zeitpunkt ihres Studienabschlusses neu zu beginnen. »Hätte ich doch!« Sie fokussierte dabei fast ausschließlich auf die finanziellen Aspekte der Situation, die Beziehungsdynamik wurde nur unterschwellig deutlich. Ihr Zimmer wollte sie mit den Möbeln des verstorbenen Sohnes einrichten und sich dorthin zurückziehen (das gemeinsame Schlafzimmer wurde das Zimmer des Ehemannes). Die Kontakte zum lebenden Sohn waren eher gering. Es war ihr kaum möglich, um den toten Sohn zu trauern; Schuldgefühle wurden rationalisierend abgewehrt. In der Psychotherapiegruppe sprachen Mitpatienten von ihren Verstorbenen, unsere Patientin beschrieb die örtlichen Friedhöfe, die sie vor allem aus ihrer kommunalpolitischen Arbeit kannte, in ihrer friedvollen Schönheit, ohne ihren Sohn zu erwähnen.*

*Die rückwärts gewandte Sicht ermöglichte es ihr, ihre großartigen Ziele aufrechtzuerhalten und das reale Scheitern auszublenden. Sie schützte sich so erfolgreich vor einem erneuten Suizidversuch, aber auch davor, sich mit den anstehenden und zukünftigen existenziellen Problemen beschäftigen zu müssen. In ihrem realen Leben regredierte sie und war weitgehend auf Versorgung angewiesen. Auf Grund der völligen depressiven Einengung und Ich-Hemmung wurde der Patientin auch eine Elektrokrampftherapie angeraten, die sie jedoch gekränkt zurückwies. Wie könne man denn mit wenigen Stromstößen ihre großen Probleme beheben?*

*Offenkundig verteidigte die Patientin ihre grandiosen Phantasien, die Motor der gemeinsamen Lebensplanung gewesen waren, gegen jedes reale Scheitern. Ihren Ausdruck finden sie trefflich im gemeinsamen Suizidversuch, der im Tode die Erfüllung aller Phantasien suchte, die im Leben nicht gelungen war.*

## Suizidale Phantasien als Schlüssel zur Persönlichkeit

Im oben dargestellten Fall wird deutlich, dass ein therapeutischer Zugang über die Phantasien Suizidaler rasch gelingen kann. Voraussetzung dafür ist, dass der Therapeut diese Phantasien auch bei sich zulässt. Wir gewannen den Eindruck, dass professionelle Helfer zerstörerische Affekte mitunter besser zulassen und aushalten können als symbiotische Phantasien. Insbesondere die Abwehr symbiotischer Wünsche und regressiver Bedürftigkeit scheint sehr stark zu sein. In den Therapien älterer Patienten wird vielleicht auch deshalb sehr schnell auf soziale Fragen fokussiert, wobei die Affekte und die emotionale Bedürftigkeit der Patienten übergangen werden.

Die Suizidphantasien, die im Seminar herausgearbeitet werden konnten, spiegeln zentrale Persönlichkeitsanteile der Ehefrau wider.

Zu berücksichtigen sind dabei auch die kollektiven rheinischen Phantasien über den Rhein. Betroffene und Therapeuten teilen sicher manche mythischen Vorstellungen über den Fluss. Die positiven Phantasien über den Vater Rhein überdeckten im Seminar seine zerstörerische Macht. Andererseits hat sicher schon jeder länger im Rheinland tätige Therapeut erlebt, dass sich Patienten im Rhein ertränkten, »in den Rhein gingen« – eine Form des Suizids, die mit einer hohen Suggestibilität verbunden ist: Einerseits die Verlockungen des Vater Rheins (und seiner Töchter), andererseits aber auch die

Gestalt des mächtigen, strafenden Vaters. Interessanterweise taucht hier eine Vaterfigur auf, die in der Behandlung unserer Patientin nicht präsent war. Das Suizidmittel des Ertränkens deutete K. Menninger (1938) als »Wunsch, zur ungetrübten Seligkeit intrauteriner Existenz zurückzukehren…. Solche Phantasien können von einem starken Schuldgefühl begleitet sein, und es gibt eine damit einhergehende wohlbekannte Vorstellung, dass der Mutterleib und der Eintritt in ihn etwas Furchtbares sei.« Mit K. Menninger (1938) können wir hier auch eine Erotisierung des Suizids beobachten. Die Zerstörung durch den Suizid wird verschmolzen mit Liebesneigung und Lustgewinn.

Der Vater Rhein verkörpert Mutter und Vater in einer übermächtigen Gestalt. In ihrer Lebensrealität blieb unsere Patientin stets im Schatten einer übermächtigen, wenig differenzierten Elternfigur. Ihre Bemühungen, über grandiose kindliche Phantasien hinauszugehen und ein reifes Erwachsenenleben zu führen, das ihren Selbstwert reguliert und Beziehungen erhält, scheiterten.

In der Suizidalität der Betroffenen wird das Bemühen deutlich, die Idealvorstellungen zu retten. Reale Beziehungen spielen kaum noch eine Rolle. Die Außenwelt hat es nicht geschafft, die Größenphantasien der Patientin zu erfüllen. Sie hat enttäuscht. Im gemeinsamen Suizidversuch, der auf Initiative der Ehefrau geschah, drückt sich die radikalste Form der Entwertung des enttäuschenden Objekts aus. Die Suizidalität stellt aber auch wieder Beziehung zu ihrem Mann her, nachdem es in der Realität keine befriedigende Partnerschaft mehr gibt. Der Vater Rhein soll sie wieder vereinen. Die Objektbeziehungen sind gekennzeichnet durch symbiotische Wünsche. Es bleibt die phantasierte Verschmelzung mit Mutter, Ehemann und verlorenem Sohn. Die Enttäuschungswut auf die Objekte wird abgespalten. Sie wird zur Aggression gegen das Selbst und soll die Objektrepräsentanzen auslöschen. Das Eintauchen in den Vater Rhein bedeutet Sühne und Schuldvergebung, vor allem der Schuld gegenüber ihrem Sohn. Es macht in der Phantasie einen Neubeginn möglich.

## Literatur

Götze P, Reimer C, Dahme B (1979) Zur Phänomenologie und Psychodynamik der Aufwachphase von Suicidpatienten. Psychiatria clin 12: 9–22.
Henseler H (1974) Narzisstische Krisen. Opladen (Westdeutscher Verlag).

Henseler H, Reimer C (1981) Selbstmordgefährdung. Zur Psychodynamik und Psychotherapie. Stuttgart (Fromann-Holzboog).

Kind J (1992) Suizidal. Die Psychoökonomie einer Suche. Göttingen (Vandenhoeck&Ruprecht).

Kind J (2000) Zur Bedeutung präödipaler Störungsanteile für das Verständnis und den Umgang mit suizidalen Krisen. In: Götze P, Richter M (Hg) Aber mein Inneres überlasst mir selbst. Verstehen von suizidalem Erleben und Verhalten. Göttingen (Vandenhoeck und Ruprecht).

Menninger K (1933) Psychoanalytic Aspects of Suicide. International Journal of Psychoanalysis 14: 376–390.

Menninger K (1974) Selbstzerstörung. Psychoanalyse des Selbstmords. Frankfurt am Main (Suhrkamp).

Teising M (1992) Alt und lebensmüde. Suizidneigung bei älteren Menschen. München, Basel (E. Reinhardt).

Korrespondenzadresse:

Dr. med. Rolf Tüschen
Rheinische Kliniken Bonn.
Abteilung für Gerontopsychiatrie und -psychotherapie.
Kaiser-Karl-Ring 20,
53111 Bonn.
E-Mail: *rolf.tüschen@lvr.de*

# Narzisstische Persönlichkeitsstörungen im Alter

*Meinolf Peters (Marburg / Bad Hersfeld)*

## Zusammenfassung

Zunächst wird das Alter als narzisstische Krise beschrieben, anschließend wird auf das Konzept der narzisstischen Persönlichkeitsstörung eingegangen und zwei Typen dieser Störungsform, nämlich der unbeirrte und der hypervigilante Narzisst unterschieden. Einige Überlegungen im Hinblick auf mögliche Altersveränderungen schließen sich daran an. Schließlich werden zwei Fallvignetten vorgestellt und mit psychodynamischen Überlegungen verknüpft. Abschließend werden einige therapeutische Konsequenzen diskutiert, die sich allerdings bei den beiden Typen dieser Persönlichkeitsstörung unterscheiden.

**Stichworte:** narzisstische Konflikte, narzisstische Persönlichkeitsstörung, Behandlungstechnik bei narzisstischer Persönlichkeitsstörung.

## Abstract: Narcissistic Personality Disorder in the Elderly

First, old age is described as a narcissistic crisis. Then the concept of narcissistic personality disorder will be dealt with and two types of disorders will be distinguished, namely the obstinacy and the hypervigilant narcissist. Some aspects with regard to possible changes in the elderly are mentioned. Finally, two cases are introduced and linked to psychodynamic considerations. In the end, some therapeutic consequences, which differ according to the two types of personality disorder, will be discussed.

**Key words:** narcissistic conflicts, narcissistic personality disorder, treatment issues

# Altern als narzisstische Krise

Der Begriff des Narzissmus umfasst das natürliche Bedürfnis nach Meisterung, Ganzheit und Makellosigkeit ebenso wie pathologische Verzerrungen dieser Wünsche in Form von Grandiosität, rücksichtsloser Ausbeutung anderer und Rückzug auf Omnipotenz bzw. Verleugnung von Abhängigkeit. Diese grundlegenden Aspekte menschlichen Erlebens aber werden durch die körperlichen und sozialen Zumutungen des Alternsprozesses tiefgreifend beeinflusst (Teising 2006). Radebold (1994) bezeichnet das Alter als die vorletzte und nicht auszugleichende große narzisstische Kränkung vor dem Sterben bzw. dem Tod, welche Freud (1915) als die größte narzisstische Kränkung des Menschen bezeichnet hatte. Auch zahlreichen weiteren Autoren zufolge betreffen die Veränderungen des Alters insbesondere das narzisstische Gleichgewicht und dessen Regulation, das Alter müsse als fundamentaler Test für unser Selbstwertgefühl gesehen werden (zusammenfassend Peters 2004). Ob damit allerdings notwendigerweise eine Verstärkung des Narzissmus im Alter verbunden ist, wie etwa Kipp (1992) vermutet und hierzu den Begriff des tertiären Narzissmus eingeführt hat, muss bis heute offen bleiben. Einiges spricht für eine solche Verstärkung zumindest bei einem Teil der Älteren. Soziale Verluste, beschränktere Möglichkeiten, sozial wirksam zu werden, sowie Erfahrungen sozialer Ausgrenzung können einen Rückzug auf die eigene Person ebenso bewirken wie die gleichzeitig sich vollziehende Verkörperlichung, die dazu führt, dass der Körper mehr in den Fokus der eigenen Aufmerksamkeit rückt.

Dennoch muss darin keine Zwangsläufigkeit liegen. Die Unterschiedlichkeit der Entwicklungsprozesse im Alter legt vielmehr die Vermutung nahe, dass stabile und konfliktfähige Personen mit einem kohäsiven Selbst in der Lage sind, im Alter Transformationsprozesse zu durchlaufen um zu einem reifen Narzissmus zu gelangen, wie ihn etwa Kohut (1966) mit dem Begriff des – allerdings etwas hoch gegriffenen – kosmischen Narzissmus umschrieben hat (Peters 2007). Es ist allerdings davon auszugehen, dass ältere Menschen mit einer narzisstischen Persönlichkeitsstruktur oder -störung eine besondere Vulnerabilität im Hinblick auf die narzisstischen Belastungen des Alters aufweisen.

Im Weiteren wird zunächst auf das Konzept der narzisstischen Persönlichkeitsstörung eingegangen, das dann anhand zweier Fallvignetten klinisch veranschaulicht wird.

# Narzisstische Persönlichkeitsstörungen

Eine narzisstische Persönlichkeitsstörung ist vom gesunden Narzissmus zu unterscheiden, welcher durch ein kohärentes Selbst mit positivem, inneren Zusammenhalt, einer ausreichenden und gleichmäßigen Besetzung verschiedener Teile der Person und einem ausgewogenen Verhältnis von Ich und Ich-ideal gekennzeichnet ist. Der pathologische Narzissmus kann hingegen zwei unterschiedliche Formen annehmen. Aufgrund einer gestörten frühen Entwicklung – Freud (1910) hatte den Narzissmus auf eine verdrängte Mutterliebe zurückgeführt – kommt es zu einer Spaltung der Selbstvorstellung in ein ›grandioses‹ und ein ›entwertetes‹ Selbst (Volkan u. Ast 1994). Bei den Menschen, deren vorherrschende Selbstrepräsentanz das grandiose Selbst ist und deren entwertete Selbstvorstellung – ständig abgewehrt – im Schatten steht, wird von einer narzisstischen Persönlichkeitsorganisation gesprochen, die nach DSM-IV (Sass et al. 1998) diagnostiziert werden kann. Eine solche Diagnose ist in der internationalen Klassifikation (ICD–10, Dilling et al. 2004) allerdings nicht enthalten; allein in der Restkategorie ›sonstige Persönlichkeitsstörung‹ (F 60.8) wird dort die narzisstische Persönlichkeitsstörung neben anderen benannt.

Wenn das ›entwertete‹ Selbst im Vordergrund steht, wobei dann das Gefühl der Unterlegenheit dominiert, sprechen Volkan und Ast (1994) von einem narzisstisch-masochistischen Charakter. Bei narzisstischen Störungen ist somit die dominante Selbst-Repräsentanz entweder übermäßig oder unzureichend besetzt. Für diese Unterscheidung liegen inzwischen auch empirische Belege vor, die zu einer genaueren Beschreibung beider Typen geführt haben. Gelegentlich wird auch von offenen und verdeckten oder von dickhäutigen und dünnhäutigen Narzissten gesprochen. Gebräuchlicher ist jedoch eher die Unterscheidung von unbeirrten und hypervigilanten Narzissten (nach Gabbard 2005, zitiert nach Hartmann 2006); hypervigilant könnte dabei als eine besonders ausgeprägte Wachsamkeit verstanden werden, als eine Haltung des ständigen Fahndens und Aufpassens. Die Profile beider Typen sind in der folgenden Tabelle wieder gegeben.

| Der unbeirrte Narzisst | Der hypervigilante Narzisst |
|---|---|
| Ist sich über die Reaktionen anderer nicht gewahr. | Ist höchst sensibel gegenüber Reaktionen anderer. |
| Ist arrogant und aggressiv. | Ist gehemmt, scheu oder sogar übertrieben bescheiden. |
| Ist mit sich selbst beschäftigt, egozentrisch. | Lenkt Aufmerksamkeit mehr auf Andere als auf sich selbst. |
| Braucht es, im Zentrum der Aufmerksamkeit zu stehen. | Vermeidet, im Zentrum der Aufmerksamkeit zu sein. |
| Hat einen ›Sender‹, aber keinen ›Empfänger‹. | Hört anderen sorgfältig zu, um Anzeichen für Kränkungen und kritische Äußerungen nicht zu übersehen. |
| Ist offensichtlich unempfindlich gegenüber Kränkungen durch andere. | Fühlt sich leicht gekränkt; neigt dazu, sich beschämt oder gedemütigt zu fühlen. |

*Tab. 1: nach Hartmann (2006, mod. nach Gabbard)*

Bisher liegen vergleichsweise wenige Befunde zur Auftretenshäufigkeit von Persönlichkeitsstörungen im Alter vor (Sadavoy u. Fogel 1992, Abrams 2000); nach Schätzungen liegen bei 3% der Altenbevölkerung narzisstische Persönlichkeitsstörungen vor (Heuft 2001). Bisher wurde angenommen, dass die Prävalenzraten bei Persönlichkeitsstörungen des Clusters B (wozu v. a. Borderline- und narzisstische Persönlichkeitsstörungen gehören) mit zunehmendem Alter abnehmen. Diese Annahme kann allerdings auch auf unzureichende und wenig altersspezifische Diagnosekriterien zurückgeführt werden. Zu vermuten ist vielmehr ein Wandel der Symptomatik, die zu einer Abschwächung von expressiven und impulsiven Ausdrucksformen und zu einer gleichzeitigen Zunahme depressiver oder somatoformer bzw. hypochondrischer Symptome führen könnte. Außerdem ist bei alt gewordenen Menschen mit einer narzisstischen Störung chronisch heftiger Neid in besonderer Weise zu erwarten.

Eine hohe Komorbidität von Persönlichkeitsstörung und Depression ist belegt. Gemeinsam führen sie zu verstärkten Funktionseinbußen und zu sozialer Isolation und erhöhen offensichtlich die Bereitschaft, sich der näher rückenden ›Altersinvalidität‹ vorzeitig zu beugen (Abrams 2000). Bei beiden Formen des pathologischen Narzissmus ist eine erhöhte Vulnerabilität angesichts der Reduktion äußerer narzisstischer Zufuhr und des Auftretens narzisstischer Kränkungen im Alternsprozess zu erwarten. Der unbeirrte Narzisst wird darunter leiden, dass das Größenselbst verblasst und ihm die Bühne, auf der er bisher auftreten konnte, nach und nach entzogen wird. Der hypervigilante Narzisst wird sich möglicherweise demütig den Beschränkungen des Alters beugen. Er kann sich dabei sogar entlastet fühlen, wenn er das Alter als Projektionsfläche für sein Unzulänglichkeitserleben nutzt und sich nun leichter von einem nicht erreichbaren Ichideal befreien kann, mit der Folge allerdings, dass er seinen Lebensradius einschränkt und Entwicklungsmöglichkeiten ungenutzt lässt. Damit sind Fragen aufgeworfen, die bisher nur klinisch zu formulieren sind und deren wissenschaftliche Überprüfung aber aussteht.

# Fallvignetten

## Der unbeirrte Narzisst

*Der 66-jährige Patient sprach langsam, leise, fast zögerlich, was aber seiner Schilderung einen besonderen Ausdruck verlieh. Er war in grünem Hemd und Cordhose gekleidet, so dass seine Herkunft als Landwirt leicht zu erkennen war. Er sprach sogleich über seine weit zurückreichende Vergangenheit und über frühere Psychotherapieerfahrungen. Dabei bediente er sich einer gewählten Sprache, die den Eindruck entstehen lies, er fühle er sich als etwas Besseres, entstamme vielleicht dem Landadel.*

*Er verwickelte mich in eine interessante Geschichte, ich hörte ihm zu, bis ich irgendwann eine gewisse Ungeduld angesichts seiner Langatmigkeit und Weitschweifigkeit verspürte, zumal seine Ausführungen zunehmend philosophisch anmuteten. Er verwies auf die tiefen Erkenntnisse, die er in bisherigen Psychotherapien zum Teil bei Größen der deutschen Psychosomatik gewonnen habe. Die anfängliche Faszination schwand also rasch, wobei meine wachsende Ungeduld auch mit dem Zweifel in Zusammenhang stehen könnte, ihm wohl gerecht zu werden.*

*Erst langsam war herauszufinden, dass er seit seiner Jugend an wiederkehrenden schweren Depressionen litt, verbunden mit Schlafstörungen, zeit-*

*weiligen Suizidgedanken und Ängsten. Bereits in den 50er Jahren war er*

*nach dem Tod der Mutter in der Psychiatrie behandelt worden. Obwohl dies weit zurücklag, habe ich diese Hinweise zum Anlass genommen, den Entlassungsbericht der damaligen Behandlung anzufordern und diesen – wider Erwarten – tatsächlich erhalten. In der damaligen Beschreibung des Patienten erkannte ich den jetzigen Patienten sogleich wieder, die hohe Kontinuität grundlegender Persönlichkeitseigenschaften war frappierend.*

*So hieß es in dem damaligen Bericht, der Mitte der 50er Jahre verfasst worden war: »Wenn Herr O. auch, wie er angibt, ein tatkräftiger Landwirt aus Neigung und ein passionierter Reiter ist, so ist er doch seiner Grundnatur nach kein robuster Mensch. Im körperlichen Gesamthabitus überwiegen asthenische Züge und auch in seelischer Beziehung ist er keineswegs sthenisch, sondern hochempfindlich, zartsensibel, zur Selbstbeobachtung neigend und etwas weich ... es fehlte eine ausgleichende Energieaufladung durch Sport, Spiel und Freude, vielmehr ist eine ausgeprägte Mutterbindung und ein Verlust des menschlichen Geborgenseins nach deren Tod festzustellen. Es fehlen voll befriedigende Liebesbeziehungen zu Frauen und gelegentlich kamen sexuelle Schwierigkeiten zur Sprache; das Einsamkeitsproblem spielt eine zentrale Rolle. Schon im einfachen ärztlichen Gespräch traten bei dem Patienten eine gewisse Affektiertheit in der Sprechweise, ein ticartiges Augenblinzeln und eine ausgesprochene Dyspnoe in Erscheinung. Durch innere Aufgewühltheit kam es wiederholt zu schweren Oppressionserscheinungen (veraltet für Beklemmung, M.P.), er schnappte nach Luft, atmete stoßweise, konnte momentan kaum sprechen ... Die komplette und konstante Schlafstörung, die von ihm angegeben wird, ist unwahrscheinlich. Beobachtungen des Patienten bei Tag und Nacht ergab, dass dieser sich insofern auch über sich selbst öfters täuscht ... Diesbezüglich ist der Patient aber äußerst empfindlich und auf Schlafstörungsvorstellungen krankhaft fixiert. Eine systematisch durchgeführte Elektroschockkur brachte eine leichte Besserung ...«*

*Doch zurück zum Gespräch. Er habe 8 Geschwister. Bei der Mutter habe Pflichterfüllung einen hohen Wert eingenommen. Er habe besonders ihre Augen in Erinnerung, die so eindrucksvoll gewesen seien, weil sie so eine Güte ausstrahlten. Wenn sie an Sonntagen nach getaner Arbeit ins Wohnzimmer kam, sich auf das Sofa legte und endlich entspannt schlummerte, seien dies für ihn glückliche Augenblicke gewesen. Der Vater habe in der Zeit seiner Geburt an einer schweren Lungenentzündung gelitten. Der Arzt habe*

*gesagt, wenn er die nächste Nacht überstehe, habe er eine Chance weiterzu-*
*leben. In dieser Nacht ist er geboren worden, er berichtet davon so, als ob er*
*der Retter seines Vaters sei. Der Hof, den der Vater bewirtschaftet habe, sei*
*gepachtet gewesen, die Briefe an ›die Herrschaft‹ habe die Mutter dem Vater*
*diktieren müssen. Als Hoferbe habe er aber diesen Hof übernommen.*
*Bis zu seinem 51. Lebensjahr sei er Junggeselle gewesen. Nach einem Fest*
*habe er damals mit der Frau eines verstorbenen Reiterfreundes geschlafen;*
*sie hätten dabei über eine mögliche Schwangerschaft gesprochen, doch sie*
*habe sein Glied blitzschnell wieder eingeführt. Einige Zeit später habe sie*
*ihm ihre Schwangerschaft mitgeteilt. Er habe sich in der Pflicht gefühlt und*
*sie geheiratet. Jetzt habe er zwei Söhne im pubertären Alter; der Ältere sei*
*mongoloid, zu ihm habe er eine besonders enge Beziehung. Doch zu seiner*
*Frau habe er keine tiefe Beziehung, er gehe häufig in Bordelle oder Clubs und*
*lasse sich dort verwöhnen. Er habe sexuelle Kontakte zu Frauen erst nach*
*Beginn der ersten Psychotherapie aufgenommen, zuvor hätte Onanie eine*
*große Rolle gespielt. Doch nun leide er an Erektionsproblemen, fühle sich*
*erneut niedergeschlagen und die Schlafstörungen hätten zugenommen. Er sei*
*nicht mehr so leistungsfähig, die Arbeit im Reitstall falle ihm zusehends*
*schwerer.*

Der Patient leidet an einer narzisstischen Persönlichkeitsstörung, gemäß der
Einteilung kann er als unbeirrter Narzisst beschrieben werden. Seine Ge-
hemmtheit und Unsicherheit kompensiert er durch ein Größenselbst, das er
im Glanz in den Augen seiner Mutter bestätigt zu finden glaubte. Das Gefühl, etwas Besonderes zu sein, mag in der unbewussten Phantasie seinen
Ausgangspunkt genommen haben, dem Vater das Leben gerettet zu haben,
der in der Nacht seiner Geburt seine schwere Krankheit überwunden hatte.
Wenn dieser jedoch gestorben wäre, hätte er an seine Stelle treten können.
Dieses Gefühl des Besonderen, das eine fragile Identität nur zeitweise stabilisiert hatte, verblasste allmählich angesichts des näher rückenden Alters, der
dahin schwindenden Zeit und der nachlassenden Manneskraft. Möglicherweise resultierte die späte Heirat schon aus Angst vor der Einsamkeit des
Alters. Doch die Nähe seiner Frau scheint er nur ertragen zu können, wenn
er sie entwertet und als hinterhältig darstellt. Das Bild der erotischen,
verführerischen Frau ist davon abgespalten, er kann seine Sexualität nur in
einer von Alltagsbeziehungen getrennten Welt ausleben.

## Der hypervigilante Narzisst

*Herr E. ist 72 Jahre alt und ein äußerst freundlicher aber zugleich unsicherer und sehr sensibler Mann, der an depressiven Verstimmungen und verschiedenen körperlichen Beschwerden leidet. Er sei insbesondere vom Vater streng religiös erzogen worden, diesen habe er jedoch im Alter von 10 Jahren im Krieg verloren. Die Mutter reagierte auf den Tod des Vaters mit der Äußerung: ›Jetzt musst Du mein Großer sein‹.*

*Er war damals mit der Mutter unter dramatischen Umständen geflohen.*

*Indem er sich mit dem Auftrag der Mutter identifizierte, war er mit einem idealen Selbst konfrontiert, dem er nie zu entsprechen vermochte. Zugleich band die Mutter ihn eng an sich, sie war stets besorgt und verbot ihm in der Adoleszenz den Tanzkurs und den Kontakt mit Mädchen. Er litt unter Ängsten und brach kurz vor dem Abitur die Schule ab. Später besuchte er die Technikerschule und war beruflich erfolgreich, was ihn lange Zeit stabilisierte und seine zeitlebens bestehende große Unsicherheit überdeckte.*

*Seit einigen Jahren – er war in dritter Ehe verheiratet und erneut an eine sehr dominante Frau geraten – litt er zunehmend an dem Gefühl, dieser nicht gewachsenen zu sein, zumal sie den Kontakt zu seinen erwachsenen Kindern aus Eifersucht zu unterbinden suchte. Einmal war er schon ausgezogen, doch nach einem Jahr reumütig zurückgekehrt. Er bringe nicht mehr die Kraft auf, in seinem Alter noch einmal neu zu beginnen. Er sei voller Gefühle des Versagens, er schäme sich angesichts seines Unvermögens, die Situation zu meistern und sich mehr durchzusetzen. Stets sei er bemüht, es allen recht zu machen, immer wieder taktiere er, telefoniere nur heimlich mit den Kindern, denen gegenüber er ohnehin Schuldgefühle habe, weil er die Familie früh verlassen hatte, da seine Frau eine andere Beziehung eingegangen war. Doch trotz allen Taktierens gerate er immer wieder in neue Verlegenheiten.*

Der Patient vermittelte im Kontakt eine devote, ängstliche Haltung, die bereits in der strengen Erziehung angelegt worden sein mag. Das als unzulänglich empfundene Selbst steht im Kontrast zu dem Idealbild, das von der Mutter an ihn herangetragen worden war und mit dem er sich identifiziert hatte, ohne ihm je entsprechen zu können, zumal sie ihn zugleich an sich band und seine Selbstentwicklung einschränkte.

Angesichts eines mächtigen väterlichen Introjektes, das die Mutter durch ihren Auftrag in ihm verstärkt hatte, litt er unter einem chronischen Versagensgefühl; über den Abbruch des Gymnasiums sprach er mit großem Schamgefühl, diese narzisstische Wunde war bis heute nicht verheilt. Der berufliche Erfolg hatte ihm aufgrund seiner technischen Fähigkeiten zwar ausreichend Kompensationsmöglichkeiten geboten, doch diese narzisstische Zufuhr war durch die Berentung entfallen. Jetzt fühlte er sich seiner Frau nicht gewachsen, als ob ihm in dieser strengen, fordernden und ihn ständig zurecht weisenden Frau die frühe Mutter wieder begegnete.

## Therapeutische Überlegungen

Die Behandlung beider Formen narzisstischer Persönlichkeitsstörungen unterscheidet sich erheblich. Der hypervigilante Narzisst ist ohnehin eher nachdenklich, introvertiert und sensibel und verfügt somit über Eigenschaften, die für einen therapeutischen Dialog konstruktiv genutzt werden können. Da er sich gern an andere wendet und diesen mehr vertraut als sich selbst, ist er auch eher bereit, Hilfe zu suchen und sich in Therapie zu begeben. Rasch kommt dann ein Prozess in Gang, in dem er sein heimliches grandioses Selbst auf den Therapeuten überträgt und sich diesem unterwirft, d. h. er entwickelt eine idealisierende Übertragung, die ihn allerdings auch in seinem eigenen Unzulänglichkeitserleben bestätigt. Die Gefahr für den Therapeuten liegt darin, sich mit dem ihm angetragenen Idealbild zu identifizieren und damit die therapeutischen Möglichkeiten ungenutzt zu lassen. Allerdings besteht ebenso die Gefahr, dass der Patient bald enttäuscht wird, wenn der Therapeut nicht den Idealvorstellungen entspricht und er dessen Äußerungen ›heimlich‹ sammelt, die er als kränkend erlebt. Aufgrund seiner Aggressionshemmung wird er seine Enttäuschung nicht offen äußern, sondern sich innerlich abwenden und die Therapie wird ›versanden‹. Wenn rechtzeitig die in diesen Schwierigkeiten enthaltenen therapeutischen Chancen erkannt und das Übertragungsmuster bearbeitet werden kann, bestehen bei diesen Patienten gute Behandlungsmöglichkeiten und die Kluft zwischen dem entwerteten und dem grandiosen Selbst kann sich verringern. Bei dem oben geschilderten Patienten entwickelte sich bald ein konstruktiver Prozess, der dazu führte, dass er sich freier verhalten, den Kontakt mit seinen Kindern aktiver pflegen und sich in den Konflikten mit seiner Frau selbstbewusster erleben konnte.

Anders stellt sich die Situation bei dem unbeirrten Narzissten dar. Der

Egozentrismus dieser Patienten, ihre Unfähigkeit zur Selbstreflexion, ihre Neigung zur Projektion und die abgewehrte Aggressivität, die dann (durch projektive Identifizierung) bei anderen entsteht, erschwert eine Behandlung. Der oben geschilderte Patient wurde u. a. in einer Gruppentherapie behandelt, in der sich bald eine angespannte Situation entwickelte, weil er unentwegt redete und kaum in der Lage war, auf andere einzugehen und bei diesen zunehmend Unmut hervorrief. Hinzu kam seine Entwertung von Frauen, die er selbst jedoch nicht bemerkte, so dass er über die heftigen Proteste der Mitpatientinnen in der Gruppe überrascht war. Es kam zu heftigen Weinausbrüchen mit Atembeschwerden, so wie es bereits in dem alten Entlassungsbericht beschrieben worden war.

Eine gruppentherapeutische Behandlung solcher Patienten ist also eher problematisch. Die einzeltherapeutische Behandlung bietet mehr Schutz nicht nur für den Patienten, der hier leichter seine narzisstische Abwehr reduzieren kann, sondern auch für den Therapeuten, dem es hier leichter gelingt, seine Gegenübertragung zu kontrollieren, was besonders dann erforderlich ist, wenn das entwertete Selbst auf ihn projiziert wird. Ein besonders sorgfältiger, Kränkungen vermeidender therapeutischer Dialog ist erforderlich, um das grandiose Selbst selbstreflektierend betrachten und das entwertete Selbst allmählich in sich selbst wahrnehmen zu können. Es bedarf zweifellos eines längeren therapeutischen Prozesses, um die Spaltung, die das Selbst durchzieht, abzumildern und bessere Voraussetzungen zu schaffen, mit den narzisstischen Zumutungen des Alterns umzugehen. Dies ist nicht immer möglich, und häufig dient die Therapie allein dazu, das Größenselbst erneut zu unterfüttern, so wie bei dem oben geschilderten Patienten, der sich in Abständen immer wieder in Therapie begab, ohne nachhaltig davon zu profitieren.

## Literatur

Abrams RC (2000) Persönlichkeitsstörungen im Alter: Zusammenhänge zwischen Cluster-B-Störungen und Depression. In Kernberg OF, Dulz B, Sachsse U (Hrsg.) Handbuch der Borderline-Störungen. Stuttgart (Schattauer) 803–810.

DillingH, Mombour W, Schmidt MH, Schulte-Markwort E (2004) Internationale Klassifikation psychischer Störungen. ICD–10 Kapitel V (F). Bern: (Huber, 3. Auflage).

Freud S (1910) Eine Kindheitserinnerung des Leonardo da Vinci. GW VIII, Frankfurt/M (Fischer) 127–211.

Freud S (1915) Zeitgemäßes über Krieg und Tod. GW Bd. IX, Frankfurt a. M. (Fischer) 33–61.

Gabbard GO (1989) Two subtypes of narcissistic personality disorder. Bull Menninger Clin 53: 527–32.

Hartmann H-P (2006) Narzisstische Persönlichkeitsstörungen – ein Überblick. In Kernberg OF; Hartmann HP (Hg) Narzissmus. Grundlagen, Störungsbilder, Therapie. Stuttgart (Schattauer) 3–37.

Heuft G (2001). Persönlichkeit und Persönlichkeitsstörungen im Alter. Persönlichkeitsstörungen 5: 49–55.

Kipp J (1992) Charakter- und Beziehungsveränderungen im Alter – Reflexionen über einen tertiären Narzissmus. In Radebold H (Hg) Psychoanalyse und Altern. Kasseler Gerontologische Schriften 14:193–206.

Kohut H (1966) Formen und Unformungen des Narzissmus. Psyche 36: 561–587.

Peters M (2004) Klinische Entwicklungspsychologie des Alters. Grundlagen für psychosoziale Beratung und Psychotherapie. Göttingen (Vandenhoeck & Ruprecht).

Peters M (2007) Narzisstische Konflikte im Alter – Zur Bedeutung des Ichideals und der Scham. Psychotherapie im Alter (im Druck).

Radebold H (1994) Psychoanalytische Psychotherapie und Psychoanalyse im höheren und hohen Erwachsenenalter. Zeitschrift für psychoanalytische Theorie und Praxis 4: 439–452.

Sass H, Wittchen HU, Zaudig, M (1998) Diagnostisches und statistisches Manual psychischer Störungen. DSM IV. Göttingen (Huber).

Savadoy J, Fogel B (1992) Personality Disorder in Old Age. In Birren JE et.al (Eds.) Handbook of Mental Health and Aging. Dan Diego (Academic Press).

Teising M (2006) Narzisstische Konflikte des Alters. In Kernberg OF; Hartmann HP (Hg). Narzissmus. Grundlagen, Störungsbilder, Therapie. Stuttgart (Schattauer) 639–650.

Volkan VD, Ast G (1994) Spektrum des Narzissmus. Göttingen (Vandenhoeck & Ruprecht).

Korrespondenzadresse:

Dr. Meinolf Peters
Diplom-Psychologe/Psychoanalytiker
Schwanallee 48a
35037 Marburg
E-Mail: *Meinolf-Peters@t-online.de*

2001 • 240 Seiten • Broschur
EUR (D) 14,90 • SFr 26,80
ISBN 3-89806-089-6 • 978-3-89806-089-9

Am Beispiel von Birgit Hogefeld, deren Lebensweg als exemplarisch nicht nur für die Terroristen der RAF, sondern für die gesamte Protest-Generation gelten kann, zeigen die Autoren, dass die Gewalt, der moralische Rigorismus, die übersteigerte Ideologisierung der 68er-Bewegung als eine unbewusste Antwort auf die Verleugnung der nationalsozialistischen Vergangenheit verstanden werden kann.

Mit Beiträgen von Carlchristian von Braunmühl, Birgit Hogefeld, Hubertus Janssen, Horst-Eberhard Richter, Gerd Rosenkranz, Annette Simon und Hans-Jürgen Wirth.

2005 • 180 Seiten · Broschur
EUR (D) 19,90 • SFr 34,90
ISBN 3-89806-399-2 • 978-3-89806-399-9

Die Autoren dokumentieren anhand von sieben exemplarischen Fallgeschichten, in deren Biografie und Ätiologie die gesellschaftlichen Verhältnisse der DDR eine entscheidende Rolle spielten, Aspekte der psychischen Erbschaft eines totalitären Staates. Trotz der äußeren Angleichung an den Westen lebt die DDR in den Menschen fort, im Guten wie im Schlechten. Diese unsichtbaren Folgen der DDR werden aber allzuoft in dem aktuellen politischen und ökonomischen Diskurs ausgeschnitten – eine Lücke, die mit diesem Buch geschlossen wird.

P🔲V
Psychosozial-Verlag

Goethestr. 29 · 35390 Gießen · Tel. 06 41/ 9716903 · Fax 77742
bestellung@psychosozial-verlag.de
www.psychosozial-verlag.de

# Persönlichkeitsstörungen und Paarkonflikte im Alter – eine Fallstudie

*Veronika Bergstein & Amelie Jüttemann-Lembke (Düsseldorf)*

## Zusammenfassung

Bei älteren Patienten zwischen 55 und 75 Jahren fordern die anstehenden Entwicklungsaufgaben erhöhte Anpassungsleistungen, wobei gleichzeitig viele stabilisierende Faktoren entfallen. Patienten mit einer Persönlichkeitsstörung fällt diese Anpassung, die eine hohe Flexibilität im Bereich der Beziehungen voraussetzt, besonders schwer. Wir stellen zwei abgestufte Langzeittherapien von Patientinnen mit einer Persönlichkeitsstörung dar, die im Alter dekompensierten. Nach einer teilstationären Behandlung und einer darauf folgenden ambulanten Einzeltherapie wurden bei den langjährig verheirateten Patientinnen die Ehepartner einbezogen und der Schwerpunkt auf die Paartherapie gelegt.

**Stichworte:** drittes Lebensalter, Persönlichkeitsstörungen, kombinierte Langzeittherapie, Paartherapie

## Abstract: Personality Disorders and Couple Conflicts in the Elderly – a Case Study

Patients between 55 and 75 years old have to make great efforts to adapt to new developments when at the same time stabilizing factors disappear. Patients with a personality disorder have difficulties with these adjustments which require high flexibility in relationships. We describe two graduated long-term therapies of female patients with personality disorders who decompensated later in life. The inpatient treatment was followed by an individual outpatient therapy and the spouses were included in order to focus on couple therapy.

**Key words:** third phase of one's life, personality disorder, combined long-term therapy, couple therapy

# Einleitung

Epidemiologische Studien (Fiedler 1995, Tress 2002) bestätigen, dass die Prävalenz von Persönlichkeitsstörungen in der europäischen und amerikanischen Bevölkerung stabil bei ca. 10 % liegt. In der Population der Psychotherapie-Patienten sind es sogar 50 % (Tress 2002). Nach ICD 10 (1993) verstehen wir Persönlichkeitsstörungen als tief verwurzelte Verhaltensmuster, die sich in starren Reaktionen auf unterschiedliche soziale Situationen zeigen. Ihre Auswirkungen auf die Lebensqualität hängen von der Qualität der sozialen Beziehungen und von den belastenden Lebensereignissen ab.

Obwohl Persönlichkeitsstörungen nach Studien mit zunehmendem Alter seltener diagnostiziert werden (Fiedler 1995), sehen wir im klinischen Alltag häufig ältere Patienten mit lebensabschnittsbedingten Dekompensationen, bei denen vorhandene Persönlichkeitsstörungen eine entscheidende Rolle bei aktuellen Lebenskrisen spielen. Da Persönlichkeitsstörungen vorwiegend Ich-synton sind, kommen die meisten Patienten erst in Therapie, wenn ihr Umfeld und sekundär erst dann sie selbst unter den Eigenheiten ihrer Wahrnehmung, ihres Denkens, Fühlens und Handelns leiden.

Beim Vorliegen von Persönlichkeitsstörungen verhindert die Starrheit der Muster adäquate Reaktionen auf neue Lebenssituationen und angemessene Formen der Auseinandersetzung im bestehenden Beziehungsgeflecht. Menschen mit Persönlichkeitsstörungen bleiben oft lange kompensiert z.B. durch die Wahl eines Berufs, in dem die persönlichen Eigenarten eher nützlich sind, durch eine günstige Partnerschaftskonstellation oder, wie nachfolgend beschrieben, durch die Halt gebende Rolle als Mutter- und Hausfrau. Sie dekompensieren erst, wenn sich die unterstützenden Bedingungen grundlegend ändern. Oft sind es Menschen aus dem sozialen Umfeld, die unter dieser Dekompensation leiden und Veränderungen fordern bzw. eine Therapie vorschlagen. Deshalb kommen diese Patienten oft fremd motiviert in die Therapie.

Als Therapieziele werden die Verbesserung der Beziehungsfähigkeit bei besserer Selbst- und Fremdwahrnehmung und die Stabilisierung des Selbstwertes und der Selbststeuerung angestrebt. Auf der Basis des psychodynamischen Denkens konzentrieren wir uns von Anfang an auf die Beziehungsgestaltung. Die Etablierung eines tragfähigen Arbeitsbündnisses ist oft schwierig, jedoch ist hierbei die interaktionelle Therapie (Heigl-Evers et al. 1993), die mit zuverlässiger Präsenz, Respekt und Akzeptanz einhergeht, hilfreich. Die Arbeit an den Ich-Funktionen, mit dem »Prinzip Antwort statt Deutung«, ist das wichtigste Arbeitsmittel. Die strukturelle Analyse der Beziehungen (Benjamin 1996) hilft, frühe, maladaptive Beziehungsmuster zu identifizieren.

Am Beispiel zweier etwas über 60 Jahre alter Patientinnen, die die neuen Entwicklungsaufgaben bei der Umstrukturierung des familiären Lebens nach dem Auszug der erwachsenen Kinder und nach der Pensionierung des Ehepartners nicht bewältigen konnten und psychosomatisch dekompensierten, demonstrieren wir unser therapeutisches Vorgehen.

## Patientin A

### Vorgeschichte

*Frau A. ist als ältere von zwei Töchtern im Krieg geboren worden. Ihre Mutter war Akademikerin, die sowohl ihrem Beruf nachging als auch sich um die Familie kümmerte. Diese Aufgabe wurde dadurch vereinfacht, dass die Familie eine Zeit lang in der Großfamilie mütterlicherseits lebte. Frau A. wurde als Kleinkind von verschiedenen Personen betreut. Der Vater, depressiv und beruflich erfolglos, ordnete sich seiner Frau unter. So entwickelte sie sich zu einem ängstlichen, überordentlichen und perfektionistischen Mädchen mit einer sehr engen Bindung zur Mutter.*

*Nach dem Abitur begann sie zu studieren und wollte Lehrerin werden. Wegen ihres Perfektionismus und den daraus entstehenden Ängsten brach sie das Studium ab und arbeitete später als Bürokraft. Mit dreiundzwanzig Jahren lernte sie ihren Ehemann kennen, mit dem sie heute fast vierzig Jahre verheiratet ist. Aus der Ehe stammen vier jetzt erwachsene und erfolgreiche Kinder. Bis zu seiner Pensionierung vor einem Jahr hatte der Ehemann eine verantwortungsvolle Position in einer großen Firma.*

*Frau A. nahm Kontakt zu unserer Klinik auf, weil sich die Ehestreitigkeiten verschlimmert hatten. Seit dem Auszug des jüngsten Kindes und nach der Pensionierung des Ehemannes waren die Eheleute nicht in der Lage, sich auf eine neue Regelung ihres gemeinsamen Lebens zu einigen. Frau A. hoffte, dass es ihr mit unserer Hilfe gelingen würde, ihren Mann in ihrem Sinne zu verändern. Sie war überzeugt, die Schwierigkeiten würden auf seinem problematischen Charakter beruhen. Dass sie selbst an starken Selbstwertpro-*

*blemen litt, äußerst zwanghaft und perfektionistisch war und eine ausge-*
*prägte Entscheidungsschwäche und Ängstlichkeit aufwies, hielt sie bei der*
*Problemsituation für nicht so wichtig. Ihre chronischen Schmerzen und*
*Schlafstörungen betrachtete sie als Schicksal.*

*Nach den Vorgesprächen empfahlen wir Frau A. aber eine tagesklinische*
*Behandlung. Sie fühlte sich durch den Vorschlag unverstanden, ungerecht*
*behandelt, beleidigt und stigmatisiert. Sie hatte sich aber aus Trotz und weil*
*man ihr nicht nachsagen sollte, sie habe nicht alles probiert, entschlossen,*
*das Angebot anzunehmen. Sie wurde mit der Diagnose eines chronischen*
*Schmerzsyndroms bei zwanghaft-ängstlicher Persönlichkeitsstörung mit*
*narzisstischen Anteilen in die Tagesklinik aufgenommen.*

## Tagesklinische Behandlung

*Am Anfang reagierte Frau A. auf die tagesklinische Behandlung mit vorder-*
*gründiger Anpassung bei gleichzeitig starker Abwehr und Entwertung. Ihre*
*Symptome, besonders die Schmerzen, hatten sich verstärkt. Es wurde rasch*
*deutlich, wie sie ihre Schmerzen zur Regulation schwieriger interpersoneller*
*Situationen nutzte und damit auch Nähe und Distanz regulierte. So blieb sie*
*z.B. wegen der Schmerzen zu Hause, wenn sie sich vom Beziehungsangebot*
*der Tagesklinik überfordert fühlte. Über lange Zeit unterstrich ihre Leidens-*
*miene ihren stummen Vorwurf, wir hätten die Falsche in Therapie, der Ehe-*
*mann sei der eigentliche Patient. Es war sehr schwer, mit ihr in emotionalen*
*Kontakt zu kommen. Alle Versuche, sich ihr zu nähern, wurden höflich aber*
*entschieden abgeblockt.*

*Mit viel Verständnis für ihre sozialen Stigmatisierungsängste, nämlich*
*durch den Aufenthalt in der Klinik ins gesellschaftliche Abseits zu geraten,*
*und durch Unterstützung ihres Selbstwertgefühls konnte langsam ein Ar-*
*beitsbündnis geschlossen werden. Wir konnten ihren maladaptiven Zirkel*
*verstehen. Frau A. erwartete, dass sie von den anderen, ähnlich wie früher*
*von der Mutter, herabgesetzt, beschuldigt, kontrolliert und zurückgewiesen*
*würde. Deshalb schottete sie sich emotional ab, war oft beleidigt und ver-*
*weigerte sich über ihre Schmerzen, um dann wieder pseudounterwürfig ge-*
*horsam zu sein. Sie erweckte oft den Eindruck, unecht zu reagieren. Ihr*
*Selbstbild war geprägt von Selbsthass, Selbstverachtung und Selbstanklagen.*
*Sie fand sich unzureichend und »dumm« und litt unter sozialen Ängsten, vor*

*allem unter der Angst vor Beschämung. Dabei ging sie mit den Anderen so um, wie sie meinte, dass diese mit ihr umgehen würden. Sie war fordernd, abweisend, entwertend, kalt, kontrollierend und unfähig zur Kooperation. Gruppen waren für sie Herausforderung und Chance zugleich. Zu einer ersten Krise kam es in der Gestaltungstherapiegruppe: Frau A. bekam dort die Folgen ihres übergriffigen, kontrollierenden und unsensiblen Verhaltens offen zu spüren. Nachdem sie in einem Gruppenbild mit ihrem »gemalten Weg« versucht hatte, alle Gruppenmitglieder harmonisch zusammenzubinden und dabei in die Bilder der anderen eindrang, kam es zu heftigen Gegenreaktionen. Sie war sehr überrascht, verletzt, beschämt und verängstigt, da sie es »nur gut gemeint« hatte. Die Aggressivität ihres Handelns war ihr nicht bewusst. Diese Situation war typisch für viele weitere Beziehungserfahrungen.*

*Nachdem es uns gelungen war, solche Reaktionen der Mitpatienten Frau A. verständlich zu machen und ihre dadurch entstandenen Gefühle wie Angst, Selbstzweifel, Wut und Hass aufzulösen, vertiefte sich die therapeutische Beziehung. Frau A. reflektierte ihre weiteren Interaktionen, sie reagierte empathischer und integrierte sich besser in die Gruppe.*

*In der Einzeltherapie blieb sie zwar weiterhin distanziert, es kam jedoch allmählich zur Lockerung der Kampfhaltung. Es wurde ohne narzisstische Konflikte möglich, sich kleine Sequenzen misslungener Kommunikationen anzuschauen und gemeinsam eine Optimierung der Kommunikation anzustreben. Durch das »Prinzip Antwort«, d.h. vor allem durch ehrliche Antworten auf gestellte Fragen, wurde das als sehr kränkend empfundene Verhältnis zur Therapeutin besser. Frau A. wurde offener und neugieriger auf sich selbst, ihre Über-Ich-Ansprüche und Ideale wurden milder, gelegentlich konnte sie sogar über sich lachen. Trotzdem blieb die eigene und die psychische Welt der Anderen für sie ein spannendes und beängstigendes Buch mit sieben Siegeln. Am Ende der tagesklinischen Behandlung wurde eine ambulante Nachbehandlung vereinbart.*

## Ambulante Einzel- und Paartherapie

*Bei der Rückkehr nach Hause versuchte Frau A. – wenig sensibel – ihren Ehemann durch die gewonnenen Erkenntnisse und durch die Autorität der Tagesklinik unter Druck zu setzen. Dies führte zu heftigen Gegenreaktionen.*

*Danach war sie zutiefst enttäuscht und begann die Therapie zu entwerten. Ihre Wünsche nach Anlehnung und Trost wurden vom Ehemann ignoriert, weil sie mit großem Druck aus der Position des Opfers agierte. Trotz chronischer Schmerzen erledigte sie die »täglichen Drecksarbeiten«. Dabei kehrte sie zu dem aussichtslosen Versuch zurück, ihren Ehepartner zu dominieren, der sich entsprechend wehrte. Zurückweisungen verstärkten ihre Selbstzweifel und ihren Selbsthass, aber auch ihre Wut und ihre Resignation gegenüber dem Partner.*

*Nachdem dieser alte Circulus vitiosus wieder neu begonnen hatte, entschlossen wir uns, alle zwei Wochen Paargespräche durchzuführen. Dabei konzentrierten wir uns vor allem auf die maladaptive Kommunikation zwischen den Eheleuten. Sie hörten auffällig wenig einander zu. Beide warteten nur auf Gelegenheiten, ihrer Empörung, Verzweiflung und Resignation über den anderen Ausdruck zu verleihen. Jahrelang aufgestaute Vorwürfe wurden ständig wiederholt, das »Glas« war für beide »halbleer«. Als jeder Versuch, Positives in ihrem Leben zu finden an ihrer negativen Haltung scheiterte, intervenierte die Therapeutin folgendermaßen: Sie verstehe, dass das Leben miteinander unerträglich geworden sei, so dass eine Trennung trotz der vierzig Ehejahre konsequent wäre. Beide erschraken und beteuerten, dass eine solche Lösung für sie nicht in Frage käme.*

*Der nächste Termin sollte erst vereinbart werden, wenn beide, und zwar jeder für sich, eine Lösung für das am meisten belastende Problem des gemeinsamen Alltags gefunden hätten. Herr A. nahm seine Hausaufgabe ernst, Frau A. tat nur so, als ob. Als sich dies mehrfach wiederholte, konnte der Sinn ihrer »Sabotage« erkannt werden: Frau A. fühlte sich in ihrer Rolle als Hausfrau minderwertig und von ihrem Mann nicht genug anerkannt. Nach seiner Pensionierung erlebte sie ihn einerseits als Störfaktor in ihrer Arbeits- und Lebenssphäre, andererseits war sie enttäuscht, dass er nicht aus eigener Initiative die Hälfte der Hausarbeit übernahm und diese verrichtete, wann und wie sie es haben wollte. Ihre Starrheit, ihr Perfektionismus und ihre Zwanghaftigkeit verhinderten jede vernünftige Absprache. In der inneren Welt von Frau A. galt die unbarmherzige Einstellung herrschen oder beherrscht werden weiter und die Fähigkeit zur Selbstreflexion blieb eingeschränkt.*

*Die Schmerzen und die depressive Symptomatik von Frau A. verschlechterten sich dramatisch, als sie ihr Ansinnen gescheitert sah, der Ehemann solle eine Einzelpsychotherapie machen, um sie besser verstehen und auf-*

*fangen zu können. Als dieser den Zusammenbruch seiner Frau miterlebte, ihre echte Verzweiflung spürte, verließ er zum ersten Mal seine Kampfposition und wagte eine Annäherung, auf die Frau A. erstmalig positiv reagierte. Die Sprache des Paares wurde weniger aggressiv, Schuldfragen rückten zeitweise in den Hintergrund. Obwohl es auch in dieser längeren Paartherapie nicht gelungen war, die grundlegende Struktur der Beziehung zu verändern, konnte das Ehepaar A. Alltagssituationen jetzt besser meistern, klarer kommunizieren und umsichtiger miteinander umgehen.*

# Frau B

## Vorgeschichte

*Frau B. stellte sich innerhalb von sieben Jahren viermal in unserer Ambulanz vor. Hier wurde ihr empfohlen, eine stationäre oder teilstationäre Behandlung zu beginnen. Erst beim vierten Mal überwand sie ihre Vorbehalte und begann eine tagesklinische Therapie. Die Angstsymptomatik und eine somatoforme autonome Funktionsstörung des Gastrointestinaltraktes verdeckten eine kombinierte ängstlich-vermeidende und histrionische Persönlichkeitsstörung.*

*Vor dem Klinikaufenthalt ließ sich Frau B. mit Medikamenten behandeln. Das Hauptziel des tagesklinischen Aufenthaltes sah sie in einer Umstellung der Medikamente. Nur widerwillig erzählte sie ihre Lebensgeschichte. Entscheidend war die enge Beziehung zu der schon lange verstorbenen Mutter, die sie als haltlos und aggressiv darstellte, sie sei Alkoholikerin gewesen und habe sich in der Erziehung willkürlich verhalten. Der Vater war damals wenig präsent und war für sie keine Hilfe. Zu ihrem großen Ärger vermachte er seine Firma ihrem Bruder. Nachdem dieser die Firma heruntergewirtschaftet hatte, suizidierte er sich, wie einige Jahre zuvor die Mutter.*

*Frau B. absolvierte eine Ausbildung im kreativen Bereich; nach der Heirat – sie bekam drei Kinder – wurde sie Hausfrau. Ihr Mann hatte eine stressreiche und angesehene berufliche Position und der Familie ging es wirtschaftlich sehr gut. Massive Symptome bekam Frau B. erst, als ihr Mann wegen einer chronischen, aber nicht lebensbedrohlichen Erkrankung operiert worden war.*

# Tagesklinische Behandlung

*Frau B. nahm an der Behandlung nur mit großen Bedenken teil. Sie hielt sich in Gruppen bedeckt, sagte kaum etwas und baute nur einen sehr oberflächlichen, höflich distanzierten Kontakt zu den Mitpatienten auf. Dieses Verhalten änderte sich, wenn sie etwas durchsetzen wollte. Mit Charme oder mit Drohungen übte sie auf ihr Umfeld Druck aus. Sie war schnell beleidigt und protestierte übertrieben aggressiv, wenn sie ihre Wünsche nicht durchsetzen konnte. Ihr Verhalten entsprach ihrem maladaptiven Zirkel, in welchem sie von anderen erwartete, entweder übersehen und vernachlässigt zu werden, eine Erfahrung die sie in der Beziehung zum Vater gemacht hatte, oder kontrolliert und angegriffen zu werden, wie ihre Mutter mit ihr umgegangen ist.*

*Das meist passive und schweigsame Auftreten in der Gesamtpatientengruppe verschwand in der Einzeltherapie gänzlich. Hier wurde sie oft leidenschaftlich und aggressiv und redete viel. Sie beherrschte die Therapiestunden, verlor sich in Details und verhinderte so die Aufnahme einer therapeutischen Beziehung. Mit der Zeit wurde klar, dass sie sich in der Kommunikation mit der Familie und mit Freunden ähnlich verhielt. Sie konnte weder in ihrem nächsten Umfeld Grenzen setzen noch diese selbst einhalten.*

*Vordergründig folgsam und suggestibel war sie starr, eigensinnig, kampflustig und schrill, wenn sie meinte, übersehen zu werden. Ihr stetiges Verlangen nach Anerkennung und ihre Ängste vor Liebesverlust konnte sie nur durch eine ausgeprägte Kaufsucht und ein permanentes Beschenken regulieren. Auf den ersten Blick schien sie starke Gefühle für ihre Familie zu haben, beim näheren Hinsehen wurde jedoch klar, wie oberflächlich diese waren. Mit Kaufen und Schenken versuchte sie im Mittelpunkt zu stehen, auch wenn sie sich nur in der zweifelhaften Freude sonnte, für großzügig gehalten zu werden. Über Geschenke drängte sie sich ihren erwachsenen Kindern auf. Hinter ihrem selbstsicheren, leicht arroganten Auftreten lauerten Gefühle von Inkompetenz und Hilflosigkeit. Trotz ihres eigensinnigen Handelns war sie von der Unterstützung ihres Mannes sehr abhängig.*

*Obwohl sie bei allen Therapieangeboten der Tagesklinik mitmachte, war für sie die Einzeltherapie zentral. Als Ausgleich zu ihrer emotionalen Vernachlässigung seit der frühen Kindheit strebte Frau B. hier eine enge symbiotische Beziehung an. In einem stetigen Wechsel der Gefühle fühlte sich die Therapeutin wechselnd »gut« oder »böse«, letzteres insbesondere dann, wenn sie die kindliche Bedürftigkeit der Patientin nicht stillen konnte. Nach einiger Zeit wurden Minderwertigkeitsgefühle und Geltungsansprüche von Frau B. zum Hauptthema. In ihrer ständigen Suche nach Anerkennung wechselte Frau B. zwischen einem Sich-Anvertrauen und einer subtilen Entwertung. Offenheit und Ehrlichkeit waren lange Zeit ein Problem. Viele Themen blieben unerwähnt, vielleicht um die angestrebte Harmonie nicht zu stören. Gelegentlich kamen starke, unintegrierte Affekte zum Vorschein. Die ambivalente Beziehung zur Therapeutin blieb im Laufe der tagesklinischen Behandlung stabil.*

## Einzel- und Paartherapie

*Frau B. blieb nach der tagesklinischen Behandlung in stützender Langzeiteinzeltherapie, in der sich ihr Vertrauen weiter vertiefte. Sie fühlte sich selbstsicherer und konnte auch die negativen Seiten ihres Charakters zeigen, die sie vorher zu verstecken versucht hatte. Die Therapie wurde nicht einfacher, aber ehrlicher und offener, es entstand eine tragfähige therapeutische Beziehung.*

*Nach der Festigung der therapeutischen Beziehung wünschte sich Frau B. eine Paartherapie. Dabei erwartete sie, dass die Therapeutin an ihrer Stelle den Ehemann überzeugen sollte, ihr Handeln kritiklos gut zu heißen. Als sich die Paartherapie auf die Thematik der gegenseitigen Anerkennung und Unterstützung bei gleichzeitiger Selbstbestimmung zentrierte, war Frau B. von der neutralen Haltung der Therapeutin enttäuscht und zog sich trotzig zurück. Nach einer differenzierten Analyse des Paarverhaltens und nachdem beide Ehepartner gegenseitig die unterschiedlichen Bedürfnisse und Bemühungen anerkennen konnten, schaffte sie es, aus einer erwachseneren Position mit ihrem Ehemann über wichtige Themen zu verhandeln, ohne sich in einen aussichtslosen Machtkampf zu stürzen. Mit der Vermittlung und »Übersetzung« der Therapeutin konnte das Paar einige Jahrzehnte alte Missverständnisse ausräumen. Je mehr sie sich gegenseitig respektiert fühlten, desto mehr verlor das Gespräch an Härte, und die Bereitschaft, gemeinsam konstruktive Lösungen zu suchen, wuchs. Langsam und eher beiläufig fanden die Veränderung statt. Am Ende der Therapie konnten beide gut miteinander umgehen. Die erwachsenen Kinder spielten weiterhin zwar eine wichtige aber eher eine periphere Rolle.*

# Schlussbetrachtung

Viele Patienten mit Persönlichkeitsstörungen können ihre Störung im mittleren Lebensalter ausreichend kompensieren und sind über viele Jahre psychisch stabil, wobei Resilienzfaktoren wie Intelligenz, Ausdauer, Pflichtbewusstsein und Attraktivität aber auch günstige soziale Lebensumstände und Rollenidentifizierungen die latente Ich-Schwäche verdecken. Erst in späteren Jahren kommt es, wenn stützende Lebensumständen labiler werden, zur Dekompensation. Bilanzen werden gezogen und die bis dahin unterdrückten Enttäuschungen und Wünsche werden deutlich, die dann in der – durch Berentung oder Loslösung der Kinder – neu entstandenen Enge der Zweisamkeit ausagiert werden.

Bei der Therapie von Persönlichkeitsstörungen ist »state of the art« eine Langzeittherapie. Wir führen eine längerfristige tiefenpsychologisch fundierte, interaktionelle Psychotherapie in der Tagesklinik mit anschließender Einzel- und Paartherapie stufenweise durch. Diese Therapie gestalten wir in drei aufeinander folgenden Abschnitten:

– In der Konfrontation mit einem multimodalen Setting (tagesklinisch oder stationär) und in einer größeren Patientengruppe zeigen sich bei persönlichkeitsgestörten Patienten schnell Schwächen in der Beziehungsgestaltung und maladaptive Muster. In der vom Setting geförderten Regression ist es meist leichter möglich, ein tragfähiges Arbeitsbündnis zu gestalten. Wenn es gelingt, die Klinik als Ganzes zu einem guten Objekt für die Patienten werden zu lassen, ist es bei diesen Patienten sinnvoll, die Arbeit in der vertrauten Arbeitsbeziehung fortzusetzen. Neben dem Aspekt der Objektkonstanz ist die Tatsache von Bedeutung, dass ältere Menschen langsamer und vorsichtiger Beziehungen anknüpfen. Der Wunsch, sich anzulehnen und sich führen zu lassen und die Notwendigkeit, sich mit den eigenen Schwächen zu konfrontieren, steht im Widerspruch zur Rolle, die man sonst im Alter als lebenserfahrener Mensch hat.

– Wenn es im (teil-)stationären Setting gelungen ist, eine gute Arbeitsbeziehung zu gestalten, sollte diese weiter genutzt werden. Ein Therapeutenwechsel kann gerade für diese Patienten eine zu hohe Anpassungsanforderung darstellen und einen Abbruch der Therapie verursachen. Beim vertrauten Therapeuten können problematische Beziehungs- und Kommunikationsmuster und unbewusste Überzeugungen besser durchgearbeitet und neue Möglichkeiten eingeübt werden.

– In der anschließenden Paartherapie wird versucht, die neuen Konflikt-lösungs- und Kommunikationsmuster in den Alltag und in die Paarbezie-hung zu übertragen. Da die Partner sich in der Regel bei der Eheschlie-ßung komplementär ausgesucht hatten, haben die Beziehungen primär meist nicht die notwendige Flexibilität.

Bei älteren Patienten ist es besonders wichtig, dass die einzelnen therapeuti-schen Schritte an einem Ort und in einer Hand bleiben, so dass die Konti-nuität der Entwicklung gewährleistet wird.

## Literatur

Benjamin L (1996) Ein interpersoneller Behandlungsansatz für Persönlichkeitsstörungen. In: Schmitz B, Fydrich T, Limbacher K (Hg) (1996) Persönlichkeitsstörungen: Diagnostik und Psychotherapie. Weinheim (Psychologie Verlags Union) 135–148.

Fiedler P (1995) Persönlichkeitsstörungen. Weinheim (Psychologie Verlags Union).

Heigl-Evers A, Heigl F, Ott J (1993) Lehrbuch der Psychotherapie. Jena (Gustav Fischer Ver-lag).

Klöpper M (2006) Reifung und Konflikt. Stuttgart (Cotta).

Peters M (2006) Psychosoziale Beratung und Psychotherapie im Alter. Göttingen (Vandenhoeck & Ruprecht).

Sachs R (1997) Psychotherapie dysfunktionaler Interaktionsstile. Göttingen, Bern, Toronto, Seattle (Hogrefe).

Tress W, Wöller W, Hartkamp N, Langenbach M, Ott J (2002) Persönlichkeitsstörungen. Leit-linien und Quellentext. Stuttgart (Schattauer).

Willi J, Limacher B (2005) Wenn die Liebe schwindet. Stuttgart (Cotta).

Korrespondenzadresse:

Dr. phil. V. Bergstein und Dr. med. Dipl.-Psych. A. Jüttemann-Lembke
Klinik für Psychosomatische Medizin und Psychotherapie
der Heinrich-Heine-Universität Düsseldorf
Rheinische Kliniken Düsseldorf
Bergische Landstr. 2
40629 Düsseldorf
E-Mail: *Veronika.Bergstein@lvr.de*

**MATHIAS HIRSCH (HG.)**

**DAS KINDESOPFER**

Eine Grundlage unserer Kultur

**BIBLIOTHEK
DER PSYCHOANALYSE**

PSYCHOSOZIAL-
VERLAG

Rotraut De Clerck (Hg.)

**Trauma und
Paranoia**

Individuelle und kollektive
Angst im politischen Kontext

Mit Beiträgen von Micha Brumlik, Werner Bohleber,
Rotraut De Clerck, Harry Kogan, Ulrike Prokop und
Hans-Jürgen Wirth

2006 · 217 Seiten · Broschur
EUR (D) 24,90 · SFr 43,90
ISBN 3-89806-925-7 · 978-3-89806-925-0

2006 · 147 Seiten · Broschur
EUR (D) 19,90 · SFr 34,90
ISBN 3-89806-510-3 · 978-3-89806-510-8

Die Menschen opfern ihre Kinder höheren Zielen, letztlich, um ihre Kultur vor äußeren oder inneren Feinden zu schützen oder die in der Gemeinschaft enthaltene Aggression zu kanalisieren. Das Opferthema – Menschen opfern ihre Kinder oder sich selbst höheren Zielen – beherrscht die Mythologie und die Künste und wird von mancher Ideologie funktionalisiert. Die Autoren behandeln es in gruppen- und psychodynamisch fundierter Weise aus verschiedenen Perspektiven. So werden Sinn und Dynamik des Kindesopfers und ein ganzes Spektrum von Gründungsmythen untersucht und es wird klar, dass am Beginn einer Kulturentwicklung häufig ein Opfermythos steht – die Geschichte von Abraham und Isaak begründet die jüdische, der Opfertod Jesu Christi die christliche Kultur, und man kann sagen, dass der Ödipus-Mythos die Psychoanalyse begründete.

Auf der Ebene des traumatisierten Individuums sind es unbestimmte imaginäre Feinde, die es angreifen und ihm auflauern, auf der Ebene der Politik sind es Parteien oder Institutionen, auf der Ebene der Gesellschaft sind es andere Völker und Staaten. Über diese Linie von der Mikrohin zur Makroebene machen die Beiträger dieses Bandes den Zusammenhang von Trauma und Paranoia im Falle kriegerischer Auseinandersetzungen verstehbar und loten seine Relevanz für Gesellschaftsanalysen aus.

---

**P🔲V**
**Psychosozial-Verlag**

Goethestr. 29 · 35390 Gießen · Tel. 0641/9716903 · Fax 77742
bestellung@psychosozial-verlag.de
www.psychosozial-verlag.de

# Dialektisch-behaviorale Therapie (DBT) bei einer 68-jährigen Patientin mit Borderline-Persönlichkeitsstörung – eine Falldarstellung

*Michael Mayer (St. Gallen)*

## Zusammenfassung

Dargestellt wird die bislang 15 Monate dauernde ambulante Psychotherapie einer 68 Jahre alten Patientin mit einer Borderline-Störung. Die Therapie orientierte sich an der DBT (dialektisch-behavioralen Therapie der Border-line-Störung). Dabei wird auf die Schwierigkeiten der Diagnosestellung bei älteren Patienten eingegangen. Die Diagnose der Borderline-Störung stellt in der Gerontopsychiatrie ein geeignetes diagnostisches Konzept dar, durch das die Symptomkonstellation auch bei alten Menschen gut abgebildet wird.

**Stichworte:** Borderline Persönlichkeitsstörung im Alter, Gerontopsychiatrie, Dialektisch Behaviourale Therapie

## Abstract: Dialectic Behavioural Therapy of a 68 Year Old Woman Suffering from Borderline Personality Disorder – a Case Report

This case report describes 15 months of dialectic behavioural therapy of a 68 year old woman suffering from borderline personality disorder. It demonstrates the difficulties in revealing the characteristics of borderline personality disorder in elderly patients. The therapy involved dialectic behavioural strategies. The case history illustrates, that borderline personality disorder is an adequate concept in geriatric psychiatry and the phenomena seen in younger patients can be found in old age as well.

**Key words:** Borderline personality disorder in old age, geriatric psychiatry, dialectic behavioural therapy

# Dialektisch-Behaviourale Therapie der Bordeline-Störung

Die dialektisch behaviourale Therapie der Bordeline-Störung wurde auf der Basis der Verhaltenstherapie von Marsha Linehan (1991) entwickelt (Bohus 2002). Die DBT ist eine ursprünglich ambulante Therapieform aus vier Elementen:
1. einer Einzelpsychotherapie,
2. einem Fertigkeitentraining (Skills-Training) in der Gruppe,
3. Telefonkontakten zwischen Therapeut und Patient in Notfällen und
4. einer Intervision für die Therapeuten.

In der Einzeltherapie werden die Problembereiche hierarchisch entsprechend der Dringlichkeit geordnet und bearbeitet. An oberster Stelle steht suizidales Verhalten, gefolgt von Therapie-gefährdendem Verhalten, der Beeinträchtigung der Lebensqualität und schließlich geht es um die Verbesserung von Verhaltensfertigkeiten.

Im Verlauf der Therapie kehrt man, wenn notwendig, sofort wieder auf eine höhere Ebene zurück. Der Therapeut versucht eine Balance zwischen Validierungsstrategien (Verstehen und Wertschätzen des Problems) und Veränderungsstrategien zu finden (dialektische Strategie). Hierzu werden Elemente aus der (kognitiven) Verhaltenstherapie und Therapieelemente eingesetzt, die sich auch an Techniken des Zen-Buddhismus anlehnen und der Förderung von Achtsamkeit und Akzeptanz dienen. Wichtigste Grundlage der Therapie ist aber eine tragfähige Therapeuten-Patienten-Beziehung.

## Therapie

### Setting

*Frau K., 68 Jahre alt, wurde der Klinik von ihrer Hausärztin zur ambulanten Demenzabklärung zugewiesen, weil sie über Zustände von Verwirrtheit berichtet hatte. In der Demenzsprechstunde wurde die Diagnose einer Borderline-Persönlichkeitsstörung mit dissoziativen Bewusstseinsstörungen diagnostiziert. Eine ambulante Psychotherapie wurde mit der Patientin für eine 2-jährige Therapiedauer vereinbart, von der zum Zeitpunkt dieses Berichts 15 Monate vorbei sind. Es fanden anfangs wöchentlich je ein Termin zur Einzeltherapie und zum Einzel-Skillstraining statt. Eine Teilnahme an einer Skillsgruppe war zu Anfang der Therapie nicht möglich. Anders als in der DBT üblich mussten die Einzeltherapie und das Einzel-Skillstraining meist beim gleichen Therapeuten stattfinden, zeitweise konnte das Skillstraining aber auch von einer Therapeutin übernommen werden.*

*Nach 10 Monaten, nachdem ich meine Tätigkeit an der Klinik beendete, behandle ich die Patientin in meiner Praxis weiter. Das wöchentliche Einzel-Skillstraining wurde seit 2 Monaten durch die Teilnahme an einer Skills-Gruppe ersetzt. Die Behandlungskosten werden in der Schweiz durch die obligatorische Krankenpflegeversicherung erstattet.*

## Situation bei Therapiebeginn

*Frau K. ist Rentnerin, sie habe zahlreiche Tätigkeiten innegehabt und zuletzt als Facharbeiterin gearbeitet, sie lebe alleine. Weil sie vor einigen Jahren mit Geld nicht habe umgehen können, habe sie eine Beiständin (eine amtliche Hilfsperson, die die rechtliche Vertretung in Vermögens- und Behördenangelegenheiten übernimmt und hierzu von der Patientin bestimmt und auch wieder entlassen werden kann). Frau K. schildert, ihre Stimmung sei sehr wechselhaft. Manchmal fühle sie sich alleine, was unerträglich sei. Zu viel Nähe könne sie aber auch nicht ertragen. Nachts habe sie mehrmals Aussetzer gehabt. Einmal habe sie nicht mehr gewusst, wie sie nach einer Feier nach Hause gekommen sei. Bei einem Besuch ihrer Tochter sei sie nachts nackt im Wald herumgelaufen und habe nicht mehr nach Hause gefunden. Sie merke, dass sie wohl nachts aufstehe und koche, ohne sich morgens daran zu erinnern.*

*Diese dissoziativen Zustände sind der Anlass zur Vorstellung in der Demenzsprechstunde gewesen. Außerdem leide sie unter einer koronaren Herzerkrankung. Wenn sie angespannt sei, dann verausgabe sie sich körperlich ohne Rücksicht darauf. So komme es zu Angina-pectoris-Anfällen, es werde ihr dabei auch schwindelig, sie stürze und verletze sich.*

*Im psychischen Befund fielen die Reduktion der Aufmerksamkeitsleistungen, eine Ideenflüchtigkeit, eine psychomotorische und innere Unruhe und eine Stimmungslabilität auf. Im BPI (Borderline-Persönlickeits-Inventar, einem Selbstbeurteilungtest zur Identifikation von Merkmalen ein Borderline-Störung; Fleichsenring 1997) zeigten sich Werte, die für eine Borderline-Persönlichkeitsstörung sprechen (primitive Abwehr und Störung der Ob-*

*jektbeziehungen, Angst vor Nähe, Entfremdungserlebnisse und Identitäts-diffusion). Im PSSI (Persönlichkeits-Stil- und Störungsinventar, ein Selbst-beurteilungsinstrument zur Messung der relativen Ausprägung von Persön-lichkeitsstilen; Kuhl und Kazén 1997) ergab sich ein Persönlichkeitsprofil mit einem histrionischen, Borderline-typischen, selbstlosen und negativisti-schen Persönlichkeitsstil.*

## Zur Krankheitsanamnese

*Frau K. hatte anfangs nur sehr wenig und zögerlich über ihre Vorgeschichte berichtet. Viele Details ihrer Biographie und Krankengeschichte hat sie erst nach Monaten erzählt. Sie sei unter schwierigen Bedingungen aufgewachsen und habe zahlreiche grenzüberschreitende Erfahrungen, auch sexuelle Miss-brauchserfahrungen, in ihrer Kindheit, in der Adoleszenz und im jungen Er-wachsenenalter gemacht. Täter seien ein Familienangehöriger, ein Vorge-setzter und ein behandelnder Arzt gewesen. Als Jugendliche habe sie sich wiederholt die Treppe herunterfallen lassen und sich dabei verletzt, um Auf-merksamkeit zu bekommen und um innere Spannungen abzubauen. Un-mittelbar nach solch einer Aktion habe sie nie Schmerzen gehabt.*

*Mit 18 Jahren habe sie erstmals einen Suizidversuch mit Tabletten und Alkohol unternommen und sei daraufhin in einem Allgemeinkrankenhaus behandelt worden. Eine psychische Erkrankung sei damals nicht festgestellt worden, sie erinnere sich an den Besuch ihres Pfarrers in der Klinik, der sie wegen des Suizidversuchs beschimpft habe.*

*Sie sei dreimal unglücklich verheiratet gewesen. Von jedem Ehemann sei sie geschlagen worden. Sie schildert eine Beziehungsgestaltung, in der das Geschlagen-Werden von ihr auch provoziert wurde: die Männer hätten sich dadurch besser steuern lassen und seien in ihrer Reue mehr auf ihre Wünsche eingegangen.*

*Nach dem Unfalltod eines ihrer Kinder habe sie einen zweiten Suizidver-such gemacht, sie habe damals auch geplant, ihre damals 2-jährige Tochter zu töten. Während des darauf folgenden Aufenthaltes in einer psychiatri-schen Klinik sei sie ohne ihr Wissen sterilisiert worden. Seit dem jungen Er-wachsenenalter seien immer wieder Phasen mit Alkoholmissbrauch und mit bulimischen Verhaltensweisen aufgetreten. Zwischenzeitlich habe sie auch Drogen (Kokain, Heroin) genommen. Im Alter von 54 und von 61 Jahren sei sie wegen Depressionen mit Suizidalität in der Klinik gewesen.*

*Ihre grundlegende Lebenserfahrung sei, dass es ihr nicht gelänge, stabile Beziehungen zu gestalten. Aus ihren Schilderungen ergibt sich ein typisches Bild intensiver, chaotischer und eher kurz andauernder Beziehungen zu Männern. Oft unter Alkoholeinfluss kam es immer wieder zu sexuellen Kontakten, die sie eigentlich nicht richtig gewollt habe und die teils recht bizarr abliefen. So habe sie sich in Lokalen impulsiv stark exponiert und beinahe Striptease gemacht.*

*Ähnliche chaotische Beziehungsmuster beobachte sie bei ihrer Tochter und bei ihrer halbwüchsigen Enkelin. Zu beiden bestehe ein wechselhaftes verstricktes Verhältnis, sie könne sich nicht richtig abgrenzen und werde von beiden in deren Lebensprobleme hineingezogen und ausgebeutet. Andererseits könne sie es aber auch nicht aushalten, mal zwei Tage lang nichts von beiden zu hören*

*Als der Kontakt zur Enkelin in einer Phase, als sie sich mit ihr stark verbunden gefühlt habe, gegen ihren Willen eingeschränkt worden sei, sei sie dekompensiert, die damit einhergehenden dissoziativen Ereignisse hätten zu der Vorstellung in der Demenzsprechstunde der psychiatrischen Klinik geführt. Außerdem seien agoraphobische Ängste und Panikattacken aufgetreten, sie habe Angst gehabt, verrückt zu werden.*

*Im Verlauf der Therapie schilderte Frau K. noch zahlreiche weitere Details ihres von chaotischen und selbstschädigenden Verhaltensweisen geprägten Lebens. Dabei wurde aber auch eine bemerkenswerte Fähigkeit deutlich: es gelang ihr, sich zeitweise – meist in Phasen ohne feste Partnerbeziehung – immer wieder zu stabilisieren und progressive Lebenslinien zu verfolgen.*

## Therapie – Vorgehen, Wirkungsweise und Ziele

*Anfangs war es der Patientin kaum möglich, sich mehrere Minuten mit einem Thema zu beschäftigen. Sie konnte ihre Aufmerksamkeit nicht lange aufrechterhalten und war psychomotorisch unruhig. Es traten dissoziative Zustände auf (also Zustände, in denen sie durch Spaltung wie abwesend war). Um die Therapiefähigkeit herzustellen, wurden die ersten Therapiestunden ganz auf Übungen zur Fokussierung der Aufmerksamkeit und zur Beendigung von Dissoziationen verwandt (Heidenreich et. al. 2004).*

*Mit der Patientin wurde danach ein Therapievertrag geschlossen und eine 2-jährige Therapiedauer vereinbart. Die Themen in der Einzeltherapie wur-*

*den entsprechend der hierarchischen Entscheidungsregeln der DBT gewählt. In der Vorbereitungsphase der Therapie ging es um Diagnostik, Informationsvermittlung über das Krankheitsbild, Behandlung, Zielanalyse und Motivationsklärung. Als Frau K. über ihre Diagnose aufgeklärt wurde, reagierte sie zunächst mit Trauer und Angst, schließlich empfand sie es aber als Entlastung, ihre Erlebnisse und Empfindungen einordnen zu können.*

*In der darauf aufbauenden ersten Therapiephase wurden in erster Linie diejenigen Probleme bearbeitet, die im Zusammenhang mit selbstschädigenden Verhaltensweisen wie Suizidalität oder Gefährdung der körperlichen Gesundheit standen. In zweiter Linie ging es um Verhaltensweisen, die die Fortführung der Therapie gefährdeten. Als Drittes wurden Probleme angegangen, die die Lebensqualität stark beeinträchtigen. Die meiste Zeit wurde aufgewendet, um lebensbedrohliche körperliche Überforderungen, die von der Patientin zur Emotionsregulation eingesetzt wurden, zu verhindern und um riskante impulsive Verhaltensweisen zu vermindern. Einmal musste sie deswegen einige Tage stationär psychiatrisch behandelt werden. Außerdem ging es um die Verringerung des Alkoholkonsums und von Essanfällen mit Erbrechen und um das Erlernen von Abgrenzung in belastenden Beziehungen.*

*Parallel wurde ein wöchentliches Einzelskillstraining durchgeführt, mit dem Ziel der Verbesserung der Aufmerksamkeit, der inneren Achtsamkeit, des Umgangs mit dissoziativen Symptomen, der Verbesserung der Stresstoleranz und der Toleranz gegenüber unangenehmen Emotionen. Ein weiteres Ziel des Skillstrainings war die Verbesserung der sozialen Kompetenz, insbesondere die Verbesserung der Fähigkeit, nein zu sagen, sich abzugrenzen und einfache Regeln zu Dauer und Häufigkeit sozialer Kontakte einzuhalten. Es wurde dabei, wie im Skillstraining in der Gruppe, streng darauf geachtet, die beiden Elemente der Therapie nicht zu vermischen und sich nicht durch »vorrangige« Probleme von der Vermittlung von Skills abhalten zu lassen. Die Teile des Skillstrainings, in denen es um zwischenmenschliche Fertigkeiten ging, konnten erst vermittelt werden, als Frau K. gelernt hatte, eigenes Handeln und das Handeln Anderer wahrzunehmen und zu beschreiben. In der Zeit davor wirkten die Schilderungen ihrer Erlebnisse seltsam chaotisch, automatisch, wie eine Aneinanderreihung von Gedankenschleifen und dadurch unverständlich, eine Unterscheidung zwischen tatsächlich Geschehenem, Beurteilungen und Gefühlen war nicht möglich.*

*Während der über einjährigen Therapie ging es nur um die erste Phase der*

*DBT. Wenn es um die Lebensgeschichte von Frau K. ging, wurde immer wieder versucht, eine positive Lebenslinie und Sinn gebende Erlebnisse herauszuarbeiten. Frau K. konnte allmählich aus ihrem Lebensrückblick einen Sinn für ihr gegenwärtiges Handeln ableiten. Als sinnstiftend empfand sie die Vorstellung, dass das Leben durch ihre Nachkommen weiter gehe. Dadurch entstand ein neues Handlungsmotiv, sie wollte ihrer Tochter und ihrer Enkelin ein Vorbild sein.*

*Der Eintritt in die zweite Therapiephase mit dem Ziel der Verbesserung der Symptome, die nach den erlittenen Traumata aufgetreten waren, und der Revision der trauma-assoziierten Schemata war noch nicht möglich. Es ist geplant, mit dieser Therapiephase zu beginnen, sobald die emotionale Belastbarkeit sich weiter erhöht hat.*

## Ergebnisse und Erfolge der Vorgehensweise

*In den ersten Monaten war jede Therapiestunde geprägt von der hohen psychomotorischen Unruhe der Patientin, ihrer Ablenkbarkeit und der geringen Aufmerksamkeit. Das änderte sich langsam, als jeder Therapiesitzung eine Übung zur Aufmerksamkeitsfokussierung vorangestellt wurde.*

*Die Dauer der Therapiesitzungen musste wegen dieses Verhaltens zunächst auf 30 Minuten begrenzt werden. Nach ca. 5 Monaten konnte die Therapiedauer auf 50 Minuten gesteigert werden. Als »heilsam« hat die Patientin die klare Grenzsetzung und die Notwendigkeit, Regeln einzuhalten, empfunden. Eine Einzeltherapiesitzung in den ersten Wochen wurde vom Therapeuten beispielsweise nach wenigen Minuten abgebrochen, weil sie alkoholisiert erschienen war. Dies habe sie dazu motiviert, den Alkoholabusus zu beenden. Wichtig war es für sie auch, dass die Therapie 2 Jahre dauern sollte.*

*Eine stationäre Einweisung für einige Tage, weil sie sich nicht körperlich geschont hatte, habe sie als wohltuend fürsorglich empfunden. Es habe ihr geholfen, mehr Verantwortung für die Behandlung ihrer körperlichen Beschwerden zu übernehmen.*

*Obwohl kein explizites Therapieziel, hat sich Frau K. im Verlauf der Therapie von Menschen, die sie als »genauso chaotisch wie ich« bezeichnete, und von Beziehungen, in denen Alkoholabusus, multivariante Sexualität und Grenzen verletzender Umgang im Vordergrund standen, zurückgezogen. Stattdessen hat sie nun zu viel »gesünderen« Menschen Kontakt.*

*Allerdings hat sich ihr Unvermögen, Alleinsein zu ertragen, nur wenig geändert. Unter emotionaler Belastung treten noch bulimische Episoden auf. Gefährliche Verhaltensweisen, wie Fahrradfahren in der Nacht ohne Licht, Schwimmen in Flüssen mit gefährlicher Strömung bei winterlichen Temperaturen usw., haben abgenommen, kommen aber weiterhin vor. Frau K. nimmt andererseits jetzt ihre wegen einer koronaren Herzkrankheit (KHK) und einer Hypertonie notwendigen Medikamente regelmäßig ein.*

*Wegen der häufig depressiven Stimmung bestand zwar schon von Anfang an die Indikation zu einer antidepressiven Medikation, Frau K. lehnte diese jedoch ab. In den letzen Wochen der Therapie konnte auch ihr Einverständnis zu einer Psychopharmakotherapie mit einem Antidepressivum (Citalopram) erreicht werden, hierunter scheint die Stimmung stabiler zu sein.*

*Auf eine Arbeit an der Revision Trauma-assoziierter Schemata wurde ebenso verzichtet, wie auf jede Intervention, die traumatische Erfahrungen aktivieren könnte, weil die Voraussetzungen für eine Traumaarbeit im eigentlichen Sinne noch nicht vorgelegen haben. Als Frau K. zum Ende der ersten 12 Monate Therapie herausgefunden hatte, dass ihre Enkelin von einem Familienmitglied sexuell missbraucht worden war, kam es zu einer ungewollten Aktualisierung von Erinnerungen an eigene Missbrauchserfahrungen. Sie bewältigte diese Krise durch Arbeit an der Regulation der dabei entstehenden Wut-, Verzweiflungs- und Leeregefühle und durch Techniken zum Beenden von Dissoziationen.*

## Therapeutische Beziehung

Üblicherweise wird die therapeutische Beziehung bei der Behandlung von Patienten mit Borderline-Störung als wechselhaft und schwierig beschrieben. Charakteristisch sind Wechsel zwischen Idealisierung und Entwertung des Therapeuten, Schwierigkeiten beim Einhalten von Grenzen und Absprachen und Auftreten Negativismus und »Agieren«.

Im vorliegenden Fall gestaltete sich die therapeutische Beziehung relativ unproblematisch und ist (noch) von einer Idealisierung des Therapeuten geprägt. Hilfreich war dabei auch, dass die Patienten über längere Zeiten dependente (d. h. abhängige) Verhaltensmuster aufrechterhalten konnte, was sicher erheblich zur Stabilisierung der Beziehung beiträgt. Nicht zu unterschätzen war auch der Umstand, dass die Einhaltung von Terminen einen hohen Stellenwert für sie hatte. Frau K. äußerte sich regelmäßig positiv über das therapeutische Setting mit den regelmäßigen Terminen und der Möglichkeit zu Telefongesprächen im Notfall. Das Setzen von Grenzen verärgerte sie zunächst, wurde dann später positiv akzeptiert, gerade im Kontrast zu früheren Arztkontakten und zu chaotischen Beziehungen im Alltag.

Schwierig in der Beziehung war ein Verhaltensmuster, das daraus bestand, problematische Verhaltensweisen zu verschweigen aus Scham oder um den Therapeuten »nicht zu beunruhigen«. Auch ihre Tendenz, problematische Ereignisse zwar zu schildern, aber Gefühle, Gedanken und Überlegungen dazu zu verschweigen und »den Therapeuten arbeiten lassen« stellte eine Schwierigkeit dar. Nur teilweise handelte es sich dabei um das Resultat unbewusster Abspaltungen oder anderer Abwehrmechanismen.

## Ausblick

Ältere Patienten mit Borderline-Störung stammen aus einer anderen Zeit als die Patienten, deren Fälle üblicherweise in der Literatur zitiert werden (Karger 2001). Die charakteristischen Symptome der Borderline-Störung, wie das selbstverletzende Verhalten, wichen in früheren Jahrzehnten viel stärker von den Erwartungen der soziokulturellen Umgebung ab, als das heute der Fall ist. Gerade Frauen hatten deshalb gute Gründe, ihre Symptome und Verhaltensmuster nicht zu offenbaren, um gesellschaftlicher Ächtung zu entgehen. Öffentliche Debatten über sexuellen Missbrauch oder eine spezifische Subkultur mit Selbstverletzungsverhalten mit entsprechenden Identifikationsfiguren in den Medien gab es damals nicht. Frauen mit Missbrauchserfahrungen und den dadurch verursachten Symptomen einer Borderline-Störung hatten gesellschaftlich z.B. durch die Einnahme einer Kranken- oder Opferrolle wenig Gewinn.

Wenn ein jüngerer Psychotherapeut eine ältere Borderline-Patientin behandelt, stellt sich eine Gegenübertragungssituation her, die es dem Therapeuten schwer macht, die Borderline-typische Beziehungsstörung und die typisch destruktiven Verhaltensmuster zu erkennen, da beides nicht dem gängigen Altersstereotyp entspricht.

Hinzu kommen Schwierigkeiten jüngerer Therapeuten, mit einer Frau im Alter einer Großmutter über Themen wie Promiskuität und Sexualität zu sprechen, also über Themen, die zur Diagnosestellung exploriert werden müssen. Leicht stellt sich eine Konstellation her, in der der Therapeut eine naive beschützende Rolle und die Patientin eine Opferrolle einnimmt. Ältere Borderline-Patienten erahnen sofort, was ein Therapeut braucht und bedienen seine – oft unbewussten – Beziehungsbedürfnisse. Wenn ein Therapeut seine Alterstereotypien nicht reflektiert und sich mit seiner Gegenübertragung nicht beschäftigt, wird er solche Manipulationen nicht erkennen. Es wird zu einer »Schein-Therapie« kommen, in der der Patient den Prozess steuert und der Therapeut noch nicht mal versteht, was vor sich geht.

Die beschriebene Behandlung zeigt, dass keine grundlegend anderen therapeutischen Vorgehensweisen bei älteren Patienten als bei jüngeren notwendig sind und dass die bei jüngeren Patienten gut wirksame störungsspezifische Vorgehensweise der DBT gut anwendbar ist. Gerade das Skills-Training und Übungen zur Achtsamkeit haben sich bei der Evaluation der Therapie als besonders wertvoll herausgestellt. Das Einzelskills-Training hat überhaupt erst die Voraussetzung geschaffen, um effektiv in der Einzeltherapie vorzugehen und die Integration in eine Gruppe zu ermöglichen. Die Anwendung der therapeutischen Grundannahmen, die Gestaltung der therapeutischen Beziehung, die dialektischen Strategien und die Validierung waren genauso erfolgreich und wichtig wie bei der Therapie jüngerer Patienten.

Der Zeitbedarf für die Therapie älterer Patienten bedarf einer besonderen Reflexion. Ich hatte die Therapiezeit am Anfang mit 2 Jahren zu niedrig angesetzt. Realistischer erscheint ein Zeitrahmen von 3 bis 3 1/2 Jahren. Der Ablauf der Einzeltherapie in der DBT gliedert sich in vier Phasen. Ein Jahr wurde mit der Vorbereitungsphase und der ersten Therapiephase verbracht. Die Beschäftigung mit der Revision Trauma-assoziierter Schemata hat noch nicht stattgefunden. Trotzdem war die Begrenzung auf 2 Jahre anfangs sinnvoll. Angesichts der Sicht des Patienten auf seine begrenzte Lebenserwartung halte ich es für sinnvoll, zunächst einen kürzeren Zeitraum mit einer Option zur Verlängerung der Therapie zu vereinbaren. Die Aussicht meiner Patientin, nur noch wenig Lebenszeit zu haben, beschleunigte die therapeutischen Prozesse. Kognitive Schwierigkeiten oder Probleme, die sich aus einem schlechten körperlichen Gesundheitszustand ergeben, verzögern allerdings den therapeutischen Prozess.

# Literatur

Bohus M (2002) Borderline-Störung. Göttingen (Hogrefe).

Heidenreich T, Michalek J (2004) Achtsamkeit und Akzeptanz in der Psychotherapie. Tübingen (dgvt-Verlag).

Karger A (2001) Die Borderline-Störung: Ein geeignetes diagnostisches Konzept für die Gerontopsychiatrie und -psychotherapie?; Persönlichkeitsstörungen 2001(5): 1–68.

Kuhl J, Kazen M (1997) PSSI. Persönlichkeits-Stil-und-Störungs-Inventar. Göttingen (Hogrefe).

Leichsenring F (1997) BPI, Borderline-Persönlichkeitsinventar. Göttingen (Hogrefe).

Linehan M (1991) Cognitive-behavioural treatment of chronically parasuicidal borderline patients. Archiv General Psychiatry 48(12): 1060–1064.

Korrespondenzadresse:

Dr. med. Michael Mayer
Rorschacherstr. 150
CH 9006 St. Gallen
E-Mail: *michael.mayer@hin.ch*

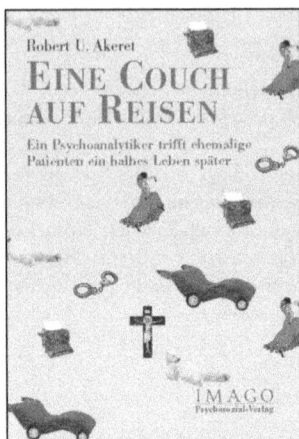

**Robert U. Akeret**

# EINE COUCH
# AUF REISEN

Ein Psychoanalytiker trifft ehemalige
Patienten ein halbes Leben später

IMAGO
Psychosozial-Verlag

**STEPHEN A. MITCHELL**

## PSYCHOANALYSE
## ALS DIALOG

Einfluss und Autonomie
in der analytischen Beziehung

BIBLIOTHEK
DER PSYCHOANALYSE
PSYCHOSOZIAL-
VERLAG

2005 · 245 Seiten · gebunden
EUR (D) 22,90 · SFr 39,90
ISBN 3-89806-451-4

2005 · 367 Seiten · gebunden
EUR (D) 36,– · SFr 62,–
ISBN 3-89806-255-4

»Fünf Geschichten in der besten Tradition von Sigmund Freud, der die Krankenge-schichte zur literarischen Form der Novelle entwickelte. ... Akeret erzählt die Ge-schichten seiner Patienten mit ansteckender Leidenschaft für seine therapeutische Aufgabe ... . Es gelingt ihm, die Erzählung ihrer Lebensgeschichte, ... seine heutigen Eindrücke von diesen Menschen und seine eigenen Gefühle auf der Reise zu in sich geschlossenen Geschichten zu verknüpfen. ... Aus den Qualen seiner Patienten und seinen inneren Skrupeln, ob er denn gute Arbeit geleistet hat, ist sein Buch entstan-den. ... Man liest [es] auch deswegen gern, weil Akeret ... sich nicht an starre Regeln seiner psychoanalytischen Zunft hält.«

*Ulfried Geuter, Deutschlandradio Kultur*

Als prominenter Vertreter der Interpersonalen Psychoanalyse beschäftigt sich Stephen Mitchell eingehend mit den verschiedenen Aspekten therapeutischen Handelns in der Psychoanalyse, wie Anonymität und Neu-tralität und dem Wesen analytischen Wissens und Autorität. Er erläutert eine Vielzahl unter-schiedlicher Arten, über die interaktive Natur der psychoanalytischen Situation nach-zudenken, und regt zur weiteren Reflexion an.

»Mir scheint, dass Mitchells herausragende Beiträge zur Psychoanalyse in diesem unge-mein wichtigen Buch ihren Gipfelpunkt erreicht haben. ... [Es] ist ein wundervoll inhaltsreiches und auch recht mutiges Buch, das uns zeigt, wo wir heute in der Psychoana-lyse stehen und in welche Richtung wir weitergehen müssen.«

*Owen Renik, M. D., San Francisco Psycho-analytic Institute*

P⬚V
**Psychosozial-Verlag**

Goethestr. 29 · 35390 Gießen · Tel. 06 41/ 9716903 · Fax 77742
bestellung@psychosozial-verlag.de
www.psychosozial-verlag.de

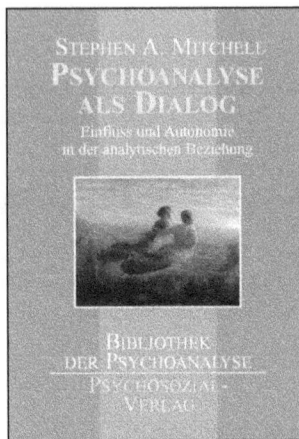

# PEG – bei fehlender Einsicht des Patienten? – Entscheidungsfindung im Team bei schwerer Schluckstörung nach Schlaganfall

*Werner Vogel (Hofgeismar)*

## Zusammenfassung

Eine 76-jährige Patientin mit schweren Kau- und Schluckstörungen hatte sich trotz eines operierten Zungengrundkarzinoms vor 20 und eines Schlaganfalls vor 8 Jahren über Jahre ausreichend oral ernähren können. Mobilität, Alltagsbewältigung und Nahrungsaufnahme drohten nun seit einem Jahr bei allgemeinem Kräfteverfall zu dekompensieren. Durch einen erneuten stationären Aufenthalt in der Geriatrie hoffte sie, ihren Zustand von früher wieder zurück zu gewinnen. Bei der Analyse der Schluckfunktion bestätigte sich die Gefahr des Verschluckens und der Aspiration von Nahrung mit dem Risiko schwerer Lungenentzündungen. Um einen weiteren Kräfteverlust durch Mangelernährung zu vermeiden, war das Legen einer Magensonde (PEG) unumgänglich. Umfassende Aufklärung, Überzeugungsarbeit und intensive übende und stützende (psycho)therapeutische Begleitung waren notwendig, bevor die Patientin sich auf eine partielle künstliche Ernährung einlassen konnte. In diesem Beitrag wird geschildert, wie das Eingehen auf biographische Elemente (Erinnern individueller Bewältigungsmuster) bei krankheitsbedingter somato-psychischer Dekompensation eine lohnende Aufgabe eines geriatrischen Teams mit psychotherapeutischer Kompetenz ist.

**Stichworte:** Krankheitsbewältigung, interdisziplinäres Team, Schluckstörung, Schlaganfall, somato-psychische Dekompensation.

## Abstract: PEG – a Patient's Lack of Understanding? – Team Decision Making for a Patient with Severe Swallowing Disorder after a Stroke

A 76-year-old female patient with chewing and swallowing disorder (dysphagia) was able to feed herself sufficiently despite a successfully treated cancer of the tongue 20 years ago and a stroke 8 years ago. For a year now mobility, coping with daily tasks and eating have threatened to diminish due to her deteriorating strength. She hoped another stay at a geriatric hospital would allow her to regain her previous living standards. The evaluation of the swallowing process, however, confirmed the danger of swallowing and the aspiration of food with the risk of severe pneumonia. In order to prevent further loss of strength due to insufficient nutrition, it was necessary to insert a PEG tube into the small intestine. Before the patient consented to partial parenteral nutrition, a thorough explanation, some persuasion, intensive exercises and (psycho-) therapeutic support were necessary. This article describes how paying attention to biographical elements (»remember« individual coping strategies) can be a rewarding task for a geriatric team with psychotherapeutic competence when dealing with somato-psychic decompensation.

Key words: coping with illness, interdisciplinary team, swallowing disorder, stroke, somato-psychic decompensation

# Setting

Das geriatrische Krankenhaus, in dem die Patientin seit ihrem Schlaganfall vor acht Jahren mehrmals behandelt wurde, hat als Spezialkrankenhaus die Schwerpunkte Schlaganfallversorgung und neurologische Frührehabilitation im höheren Lebensalter. Neben der ausführlichen Erhebung der medizinischen Vorgeschichte gehört das geriatrische Assessment (Runge u. Rehfeld 1995) zum Standard bei allen Patienten. Das heißt, es werden international gebräuchliche, validierte Erhebungsinstrumente zur Mobilität, kognitiven Leistung, Depressivität und zu den Aktivitäten des täglichen Lebens vom interdisziplinären Team eingesetzt und die Ergebnisse interdisziplinär kommuniziert. Biographische Daten werden vor allem vom Arzt, von der Pflege, der Ergo- und Physiotherapie und in besonderen Fällen vom psychologischen Dienst erhoben und während des Verlaufs in Einzelgesprächen vertieft. Ziel ist es, eine individuelle Therapie realistisch zu planen, um eine weitgehende Selbständigkeit der Patienten im Alltag wieder zu ermöglichen. Die Mitglieder des therapeutischen Teams erheben nicht nur objektive Daten über die Patienten, sondern sammeln auch Informationen über deren individuelle, berufliche und soziale Vorgeschichte, Vorlieben, Einstellungen und Wünsche, um sie in der Behandlung zu berücksichtigen. Die Familie und andere Kontaktpersonen werden dabei stets einbezogen. Besonderes Augenmerk wird auf eine ggf. vorhandene Patientenverfügung gelegt, um bei unvorhergesehenen Akutsituationen ärztliche Entscheidungen im Sinne des (mutmaßlichen) Willens des Patienten fällen zu können, besonders wenn dann die Kommunikation mit ihm durch schwere neurologische oder psychische Schädigungen erschwert oder unmöglich sein sollte.

Psychodiagnostische und psychotherapeutische Kompetenz steht bei Bedarf der Klinik durch zwei klinische Psychologen und einen Facharzt für Neurologie, Psychiatrie und psychotherapeutische Medizin zur Verfügung. Die therapeutischen Maßnahmen werden immer im Einvernehmen mit den Kranken durchgeführt, dies ist verbindliches Prinzip in der Arzt-Patienten-Beziehung bzw. dem jeweiligen Äquivalent in Pflege und Therapie. Wenn auch der Wille der oftmals schwer körperlich und/oder seelisch Betroffenen nicht immer leicht zu erkennen ist, so gilt er doch als handlungsleitend. Entsprechend hat das Krankenhaus ein biblisches Motto als Leitspruch gewählt: »Was willst du, dass ich dir tun soll?« (Mk. 10,51)

## Fallbeschreibung

### Vorgeschichte

*Die jetzt 76-jährige Patientin wurde in den letzten 8 Jahren bereits sechs Mal für jeweils 5 bis 8 Wochen im geriatrischen Krankenhaus stationär behandelt. Aus der Vorgeschichte ist eine Krebserkrankung im Bereich des Zungengrundes im Alter von 56 Jahren zu erwähnen, die mit einer Zungengrund- und Mundbodenteilresektion (neck dissection) links operativ versorgt worden war. In den Folgejahren fand sich kein Hinweis auf Tumorrezidiv. Seit dieser Operation bestanden Sprechstörungen im Sinn einer*

*Dysarthrophonie sowie Kau-, und Schluckstörungen, die von der Patientin eine besondere Konzentration beim Essen und Trinken abverlangten, Störungen, die sie über Jahre gut bewältigen konnte.*

*Im Alter von 68 Jahren hatte sie einen Schlaganfall (Hirninfarkt bei Verengung der Halsschlagader rechts) mit linksseitiger Halbseitenlähmung erlitten, sie war damals im Akutkrankenhaus versorgt und zur Weiterbehandlung in die Geriatrie verlegt worden. Nach dem Schlaganfall standen Wahrnehmungsstörungen im Mund- und Rachenbereich im Vordergrund, weswegen es zunehmend zum Verschlucken von Nahrung und zum Aushusten von Nahrungsresten kam. Darüber hinaus bestand eine Halbseitenlähmung mit Neigung zur spastischen Tonuserhöhung der Muskulatur links im Bereich der Beine, der Arme und des Rumpfes. Nach dem Schlaganfall war die Patientin für etwa 1 Jahr auf den Rollstuhl angewiesen, danach lernte sie in einem sehr beugespastischen Muster, sich vom Liegen zum freien Sitzen und mit personeller Hilfe zum Stehen aufzurichten. Gehen gelang mit Hilfe eines 4-Punkt-Stocks maximal 15 Meter mit Begleitung. Im Selbsthilfebereich war Essen nach Vorbereitung der Nahrung und Toilettenbenutzung mit Hilfe möglich, Harn- und Stuhlinkontinenz bestanden zeitweise. Der Barthel-Index erreichte im ersten Jahr nach Schlaganfall 25 von 100 möglichen Punkten entsprechend einer schweren Pflegebedürftigkeit (Pflegestufe III).*

## Soziale Situation

*Die Patientin hatte 5 Jahre nach der Krebserkrankung ihren Ehemann verloren. Sie zog in das Bauernhaus, das ihre Tochter und ihr Schwiegersohn mit 3 Kindern bewohnen. Sie lebt dort in 2 Zimmern parterre, so dass sie keine Treppen steigen muss. Die Tochter hilft ihr bei der Alltagsbewältigung, ein Pflegedienst kommt zusätzlich einmal täglich.*

## Krankheitsverlauf

*Bei ihrem vierten stationären Aufenthalt fünf Jahre nach dem Schlaganfall hatten die Auswirkungen der Schluckstörung weiter zugenommen. Der logopädische Befund zeigte eine weitgehend immobile Zunge und eine ausgesprochene Berührungsempfindlichkeit von Zunge und Mundschleimhaut. Den Vorschlag, die Kau- und Schluckbewegungen intensiv zu üben, lehnte sie ab. Da sie sich mit ihrer Situation seit Jahren arrangiert habe, könne sie auf spezielle Übungen verzichten. Ein Jahr später war das Kauen und Schlucken so schwierig geworden, dass sich innerhalb weniger Monate ihr Ernährungs- und Kräftezustand verschlechtert hatte. Sie musste viel Mühe darauf verwenden, sich nicht zu verschlucken und konnte dies dennoch nicht immer verhindern. Zum intensiven täglichen Schlucktraining war sie inzwischen bereit und lernte in der fünfwöchigen Behandlung mit gezielten Lockerungsübungen bei spezieller Kopfhaltung, unterstützt durch spezielle Massagetechniken, sicheres Schlucken in einem vertretbaren Zeitaufwand, so dass sie eine Mahlzeit in ca. 30 Minuten beenden konnte. Sie lernte auch, mit einem Strohhalm 3–4 Minuten lang ohne muskuläre Erschöpfung ausreichende Flüssigkeitsmengen aufzunehmen.*

*Mit Blick auf die weitere Entwicklung wurde die Möglichkeit einer begleitenden Sondenernährung über eine in die Bauchwand gelegte Magensonde (perkutane endoskopische Gastrostomie, PEG) erwogen. Dies lehnte die Patientin strikt ab, sie wolle auch weiterhin ohne Sonde zurecht kommen. Eine endoskopische Untersuchung des Schluckaktes zur objektiven Beurteilung der Störung scheiterte an der operationsbedingten Behinderung der Nasenpassage.*

*Wieder ein Jahr später bei ihrem sechsten Aufenthalt klagte sie über vermehrten Speichelaustritt aus dem Mund und noch häufigeres Verschlucken und Husten. Sie habe jetzt große Mühe, ihre Mahlzeiten zu Ende zu bringen, und sei beim Essen und Trinken rasch erschöpft. Trotzdem habe sie den Gewichtsverlust von 5 kg seit dem Schlaganfall durch eiserne Disziplin wieder um 3 kg aufgeholt. Da eine Sondenernährung auch jetzt auf keinen Fall in Frage komme, wolle sie nach erneutem intensivem Training versuchen, sich weiter »normal« zu ernähren. Die klinische Untersuchung zeigte neben der allgemeinen Schwäche eine weitere Mobilitätseinschränkung (Barthel-Index statt 25 jetzt 0 von 100 Punkten) und bezüglich der Schluckfunktionen ähnliche Verhältnisse wie bei der Aufnahme im Vorjahr.*

## Endoskopische Schluckdiagnostik

*Die klinische und video-endoskopische Schluckanalyse war jetzt technisch möglich. Sie bestätigte die geringe Beweglichkeit des Zungengrundes, die für den ungenügenden Transport des Nahrungsbreis vom Mundraum in die Speiseröhre verantwortlich war. Es lag eine ausgeprägte Störung der pha-*

*ryngealen Phase, also des Speisentransports durch den Schlund vor, die sowohl anatomisch als auch funktionell bedingt war. Aspirationen traten permanent bei erhaltenem Hustenreflex auf (Stadium II nach Schröter-Morasch). Reste der vorangegangenen Mahlzeit waren im Rachen, am Zungengrund und am Kehlkopfeingang zu sehen, das häufige Nachschlucken war nicht effektiv. Der Kehlkopf selbst war anatomisch und funktionell nicht auffällig, bis auf eine entzündliche Rötung der Stellknorpel. Das häufige Abhusten während einer vollständigen Mahlzeit trug zur Beeinträchtigung der Schluckfunktionen bei. Daher wurde die Anlage einer PEG-Sonde sowie kleine Mengen oraler Kost auch zum Erhalt der Keimflora im Mund empfohlen.*

*Die Demonstration dieses Befundes in Gegenwart der Patientin und ihrer Tochter sowie die Erörterung der Problematik, insbesondere des Risikos einer zunehmenden Mangelernährung und von Infektionen änderten bei beiden zunächst nichts an der ablehnenden Haltung gegenüber einer PEG-Versorgung.*

## Hilfestellung durch das Team

*In der interdisziplinären Fallkonferenz wurde festgelegt, das Thema nicht forciert anzugehen, sondern der Patientin und ihren Angehörigen zunächst Zeit zu lassen. Etwaige Fragen sollten durch andere Therapeuten, diensthabende Ärzte und vor allem durch Pflegekräfte, deren Beziehung gerade zu alten Menschen von besonderer Dynamik sein kann (Teising 1993), beantwortet werden. Widersprüchliche Informationen oder Meinungen sollten vermieden werden. Die Patientin war darin zu bestärken, dass ihre Entscheidung, wie immer sie ausfalle, respektiert würde. Die Zeit wurde zum weiteren Training in Physio-, Ergo-, Sprach- und Schlucktherapie genutzt.*

*Nach einer Woche Bedenkzeit war die Patientin bereit, die PEG-Anlage an sich vornehmen zu lassen. Sie wurde planmäßig und komplikationslos durchgeführt. Auch der Kostaufbau verlief problemlos. Die Tochter erhielt Instruktionen zum richtigen Umgang mit der Sonde (Beobachtung der Eintrittsstelle, Spülung der Sonde etc.). Die Patientin erhielt jetzt Speisen und Getränke zu den Zeiten und in der Menge und Zusammensetzung, wie sie es sich wünschte. Der restliche Flüssigkeits- und Kalorienbedarf wurde als Tee bzw. als Sondenkost verabreicht.*

*Schon wenige Tage später »gestand« die Patientin ihrer behandelnden*

*Logopädin, dass sie es genieße, ihre Mahlzeiten ohne Druck einnehmen zu dürfen, ohne auf Zeiten und Mengen achten zu müssen. Im Nachhinein falle ihr auf, dass sie Essen und Trinken seit Jahren als Pflicht angesehen und kaum mehr habe genießen können. Vor allem sei es immer schwieriger und körperlich anstrengender geworden und habe sie regelrecht erschöpft. Zum Zeitpunkt der Verfassung dieses Berichts ist fast ein weiteres Jahr vergangen. Die Patientin und ihr Arzt bestätigen nach wie vor, dass die Entscheidung zur PEG richtig gewesen war.*

## Diskussion

Geriatrische Patienten befinden sich häufig in einer Grenzsituation. Sie erleben bei akuten oder chronischen Krankheiten besonders stark das nahende Ende ihres Lebens. Manche sind innerlich darauf vorbereitet, andere nicht. Die Verdrängung von Alter und Tod als allgemein gesellschaftliches Phänomen betrifft vielfach auch Angehörige der älteren Generation. Allen Altersmedizinern ist geläufig, dass Symptome von Krankheit (wie körperliche Schwäche, Atemnot, Schmerzen, Schwindel usw.) als Erscheinungen des normalen Alterns fehlgedeutet werden. Viele Ältere verlangen von sich Verhaltensweisen, die sie als jüngere Menschen oft unter großen Entbehrungen (Kriegsgeneration!) gelernt haben: Missachtung von Gefühlen, Unterdrückung von Schmerz, außergewöhnliche Disziplin, Gehorsam und Autoritätsgläubigkeit. Natürlich haben viele auch Zweifel und Skepsis, was aber oft nicht offen geäußert wird.

Unter diesen Bedingungen ist es für Ärzte und Vertreter der medizinischen Assistenzberufe schwierig, ein therapeutisches Bündnis zu etablieren, zumindest wenn komplexe Probleme wie Multimorbidität, schwere Behinderung, Krisen oder Komplikationen auftreten. Diese sind aber typisch für geriatrische Patienten (vgl. Heuft 1992). Gemäß dem Grundsatz, dass das Wohl des Kranken oberstes Gebot sei *(salus aegroti suprema lex)*, ist ein offenes therapeutisches Bündnis zwischen Arzt, Patient und Familie (bzw. betreuenden Bezugspersonen) Voraussetzung, um Ziele der Behandlung einvernehmlich festzulegen und sich an entsprechend vereinbarte Schritte zu halten.

Geriatrische Behandlung kommt wegen ihrer Komplexität nicht ohne den Einsatz des multiprofessionellen Teams aus, welches unter ärztlicher Verantwortung arbeitet. Da der Arzt auch für die Anteile der Behandlung mitverantwortlich ist, über deren Inhalte er während seiner Ausbildung im einzelnen nicht genügend erfahren hat, ist ein regelmäßiger Informationsaustausch über Methoden, Ziele und Ergebnisse im Behandlungsverlauf unverzichtbar und wird in geriatrischen Einrichtungen auch regelhaft durchgeführt. Dies betrifft auch den Austausch mit Mitarbeitern, die eine akademische Ausbildung haben wie Sozialarbeiter, Psychologen, Linguisten, Sprachheilpädagogen und Seelsorger. Die Kooperation dieser Teammitglieder mit Physio-, Ergo-, Sprachtherapeuten und Pflegefachkräften eröffnet ein großes Hilfspotential, wenn sie zielgerichtet koordiniert wird. Es hat sich herausgestellt, dass das interdisziplinäre Team seine Qualität noch steigern kann, wenn es einen *transdisziplinären* Ansatz verfolgt, d. h. wenn jenseits der eigenen Fachlichkeit elementare Kenntnisse der jeweils anderen Disziplinen nicht nur vorhanden sind, sondern auch in den therapeutischen Prozess gezielt einbezogen werden. Das kann z.B. bedeuten, dass der Physiotherapeut in Übungspausen Gedächtnisübungen macht, der Sprachtherapeut auf die richtige Sitzposition achtet, die Krankenschwester bei der Lagerung Muskeltonus senkende Maßnahmen einsetzt, der Seelsorger mit medizinischer Information über die Krankheit begründete Hoffnung machen kann.

Viel wichtiger als dieses fachübergreifende »Therapieren« ist es aber, typische Fehler im Gebiet der anderen therapeutischen Disziplinen zu vermeiden. So hat die geschulte Schwester gelernt, den Patienten mit einer Sprachstörung (Aphasie) eben nicht zum »Üben« anzuhalten, wenn dies die Verfestigung von Fehlern (z.B. von Sprach-Automatismen) nach sich ziehen würde. Stattdessen wird sie helfen, den Patienten zu deblockieren und die normale Kommunikation zu fördern. Auch wird ein Ergotherapeut beim erfolgreichen Einüben von Alltagsfunktionen den Fortschritt nicht durch Überforderung von Muskelgruppen gefährden, da er die entsprechenden Symptome bei seinen Hospitationen in der Physiotherapie kennen gelernt hat.

## Psychotherapie als Aufgabe des geriatrischen Teams?

Auf diesem Erfahrungshintergrund kann man fragen, ob psychotherapeutische Elemente, zumindest mittelbar, im Prozess der geriatrischen Behandlung wirksam werden. Selbstverständlich ist der bzw. die ärztliche oder psychologische Psychotherapeut(in) für die Psychodiagnostik und Psychotherapie zuständig. Diese wird in personell gut ausgestatteten Einrichtungen bei gegebener Indikation auch durchgeführt. Da in somatisch ausgerichteten Geriatrien die Verweildauer kürzer ist als in gerontopsychiatrischen Einrichtungen, sind psychotherapeutische Aktivitäten in der Regel auf wenige, meist relativ kurze Einzelkontakte begrenzt. Sie konzentrieren sich auf diagnostische oder stützende Gespräche, Kriseninterventionen und evtl. fokale Kurztherapien. Falls erforderlich, werden Patienten dahingehend beraten, weitergehende psychotherapeutische Einzel- oder Gruppenbehandlungen wahrzunehmen.

Eine besondere Chance des geriatrischen Teams besteht darin, dass die Indikation zur Psychotherapie direkt erörtert werden kann, wenn sich auffällige Befunde bei der Evaluation in den beteiligten Fachgebieten oder beim geriatrischen Assessment ergeben. Umgekehrt kann der Psychologische Dienst das Team instruieren, seine therapeutischen Maßnahmen durch bestimmte (z.B. tagesstrukturierende) Maßnahmen zu unterstützen oder gruppendynamische Prozesse im Kontakt mit anderen Patienten nutzbar zu machen.

Im beschriebenen Fall hat der offene Umgang mit dem geäußerten Willen der Patientin, sich weiter natürlich ernähren zu wollen, zusammen mit ihren frustrierenden Erfahrungen, die Nahrungsaufnahme zu verbessern, zu einem Gesprächsklima geführt, das auch Alternativen denkbar werden ließ. Da die vorgeschlagene Sondenernährung nicht als der einzig mögliche Ausweg »verordnet«, sondern als eine unter anderen Möglichkeiten dargestellt worden war, konnte die Patientin die Entscheidungsverantwortung selbst wahrnehmen und damit ihren Widerstand leichter aufgeben. Wenn alle »Fachleute« das gleiche meinten, konnte die neue Entscheidung so falsch nicht sein. Aus medizinischer Sicht gab es in der Tat kaum eine vertretbare Alternative.

Wäre die Patientin mit ihrer langjährigen Vorgeschichte, die sie zur »Expertin« in Sachen Schluckstörung hat werden lassen, aus diesem Grund zur PEG-Anlage gedrängt worden oder hätte man sie wegen fehlender Zustimmung unterlassen, so wäre beides im Ergebnis unbefriedigend gewesen, im ersteren Fall vor allem dann, wenn sich (auch nur geringe) Komplikationen eingestellt hätten. So hat die gereifte Entscheidung eine neue Erfahrung von partiell wiedergewonnener Lebensqualität ermöglicht und damit einen Entwicklungsschritt gebracht (Kruse 1990).

Multiprofessionelle Teams können also durchaus therapeutische Effekte bewirken oder zumindest unterstützen, für die in psychotherapeutischen Einzelgesprächen viel Zeit und Überzeugungsarbeit aufgewandt werden muss.

## Literatur

Heuft G (1992) Multimorbidität: Macht und Ohnmacht des Therapeuten aus psychosomatischer Sicht. In: Hirsch RD, Bruder J, Radebold H, Schneider HK (Hg) Multimorbidität im Alter. Herausforderung für die Psychotherapie. Bern (Huber) 108–117.

Kruse A (1990) Die Bedeutung von seelischen Entwicklungsprozessen für die Psychotherapie im Alter. In: Hirsch RD (Hg) Psychotherapie im Alter. Bern (Huber) 10–28.

Runge M, Rehfeld G (1995) Geriatrische Rehabilitation im Therapeutischen Team. Kap.3: Geriatrisches Assessment. Stuttgart (Thieme) 43–133.

Teising M (1999) Psychodynamische Aspekte in Pflegebeziehungen. Ableitungen aus der Psychoanalyse. In: Heuft G, Teising M (Hg) Alterspsychotherapie – quo vadis? Opladen/Wiesbaden (Westdeutscher Verlag),135–142.

Korrespondenzadresse:

Prof. Dr. med. Werner Vogel
Ärztlicher Direktor im Ev. Krankenhaus Gesundbrunnen
Zentrum für Geriatrie und Neurologische Frührehabilitation
Am Krähenberg 1
34369 Hofgeismar
E-Mail: *vogel@ekh-gesundbrunnen.de*

# Buchbesprechungen

## Maria Langfeldt-Nagel (2006): Psychologie in der Altenpflege. München (Reinhardt-Verlag) 221 Seiten, Euro 19,90

In klarer, freundlicher und präziser Sprache werden in diesem Buch, ganz auf das Erfahrungsfeld der AltenpflegerInnen bezogen, die grundlegenden psychologischen Theorien abgehandelt. Lernen und Gedächtnis werden beispielsweise vorwiegend an den Problemen dargestellt, die viele AltenpflegeschülerInnen im Unterricht haben. Durch Anregungen zur Gruppendiskussion und zur Selbstreflexion sowie durch Aufgaben, die am Schluss eines Kapitels stehen, wird versucht, die aktive Aneignung des psychologischen Grundwissens in der Altenpflege anzuregen. Auf Aufzählungen, die als Prüfungsstoff gelernt werden müssten und danach vergessen werden können, wird gänzlich verzichtet.

Im Vergleich zu früheren Lehrbüchern zur Psychologie für AltenpflegerInnen stellt dieses Buch einen meilenweiten Fortschritt dar. Es ist nicht nur in der Ausbildung eine geeignete Lektüre, sondern kann sicher auch Altenpflegekräfte in der Praxis dabei unterstützen, seelische Prozesse besser zu verstehen, aber auch eigene Tätigkeiten klarer zu begründen. Das Buch könnte außerdem Grundlage für eine ständige Fortbildung sein, da sich viele Abschnitte als Basis für eine gemeinsame Teamflexion anbieten.

*Johannes Kipp*

## Oswald W., Lehr U, Sieber C, Kornhuber J (Hg) (2006) Gerontologie. Medizinische, psychologische und sozialwissenschaftliche Grundbegriffe. 3. vollständige überarbeitete Auflage. Stuttgart (Kohlhammer). 488 Seiten, Euro 49,80

In alphabetischer Reihenfolge werden die gerontologischen Grundbegriffe jeweils in einem Umfang von 6 – 9 Seiten abgehandelt. Die wissenschaftlichen Ausführungen entsprechen dem derzeitigen Wissensstand. Die Sprache ist meist klar, bei manchen Stichworten handelt es sich aber vorwiegend um Auflistungen des Wissens, in anderen (z.b. von Oswald über das Gedächtnis) findet man komprimierte und präzise Fachartikel. Wie bei Büchern mit vielen Autoren üblich, ist das Sprachniveau sehr unterschiedlich. Leider finden sich nur bei einigen Stichworten kurze Zusammenfassungen der wichtigsten Aussagen und Hinweise auf weiterführende Literatur. Das 70-seitige Literaturverzeichnis ist jedoch sehr hilfreich, wenn man sich in eine bestimmte Thematik weiter einarbeiten möchte.

Anders als bei Lexika fehlen Querverweise von einem Stichwort zum anderen. So werden beispielsweise »freie Radikale« sowohl bei den biologisch-genetischen Alternstheorien abgehandelt als auch unter dem Stichwort »Antiaging«. In Stichworten zur Depression und zur Behandlung von Demenz wird der medikamentösen Behandlung eine therapeutische Potenz zugeschrieben, die leider nicht der therapeutischen Realität entspricht.

Insgesamt stellt die 3. Auflage der Gerontologie eine umfassende, informative und sehr interessante Einführung in die Gerontologie dar. Das Buch eignet sich auch als Nachschlagewerk, insbesondere wenn es darum geht, sich in fachfremde Bereiche der Gerontologie einzuarbeiten. Bei Professionellen, die mit alten Menschen arbeiten, sollte das Buch jederzeit griffbereit sein, insbesondere da es zu einem moderaten Preis zu erwerben ist.

*Johannes Kipp*

# Das »Ich« im Gruppenbild

*Astrid Jeising (Bad Hersfeld)*

Mit der »Ressourcenorientierten Gruppentherapie für Ältere« haben wir in der *Gerontopsychosomatischen Abteilung der Klinik am Hainberg in Bad Hersfeld* ein methodenintegratives Setting etabliert, das, angeregt durch das Konzept des »Bochumer Gesundheitstraining«, Elemente aus der Gestaltungs- und Bewegungstherapie mit Imaginationsübungen und themenzentriert-interaktionellen Verfahren kombiniert. In einem Zeitraum von vier Wochen wird die Arbeit auf die Themen Lebensenergie und Selbstvertrauen, Beziehungen und Beziehungskonflikte, Lebensweg und Lebensplanung fokussiert.

Das vorliegende Bild einer Patientin ist das Ergebnis einer gemeinsamen Gruppenarbeit von 6 Teilnehmern/innen zum Thema Selbstvertrauen und Beziehungsgestaltung. Ausgehend vom Wort »Ich«, das jeder der 6 Patienten auf ein Blatt Papier schrieb, wurden die Blätter reihum weitergereicht. Jeder durfte nach seinem Empfinden ergänzen, bis er das Bild mit seinem »Ich« wieder vor sich hatte. Dabei ging es darum, sich Raum zu nehmen und sich mit anderen in Beziehung zu setzen und so sich auf den Dialog mit anderen einzulassen. Jeder Teilnehmer konnte sein Material – Ölkreide, Pastellkreide, Wasserfarben, etc. – nach eigenem Wunsch wählen. Die erste Aufgabe, nämlich das »Ich« auf dem Blatt zu platzieren, fiel noch allen Teilnehmern leicht. Nach dem ersten Wechsel zeigten sich bereits deutliche Unterschiede hinsichtlich der Fähigkeit, die Vorgabe auf dem Blatt aufzugreifen und durch eigene Ideen zu ergänzen. Im Laufe der Arbeit gewannen alle Teilnehmer an Sicherheit und konnten zunehmend auch in Interaktion mit dem treten, was ihre Vorgänger bereits gestaltet hatten.

Am präsentierten Beispiel wird deutlich, dass die Patientin, die ihr »Ich« in der Mitte des Blattes groß und farbenfroh platzierte, ausreichend Raum für sich behielt. Die Anderen griffen teilweise ihre Farben auf, traten mit ihr in Dialog, beschränkten sich aber weitgehend auf den Raum außen herum und hielten Abstand. Bei anderen Bildern der Gruppenarbeit war dies weit weniger der Fall. Da wurden beispielsweise die Buchstaben umrahmt, hervorgehoben, Linien und Muster aufgegriffen. Die zu Beginn klar konturierten Buchstaben der Patientin verwischten während der Arbeit zunehmend, da sie Pastellkreiden gewählt hatte. So »schwebt« das »Ich« letzten Endes über dem von einer Mitpatientin ebenfalls mit Pastellkreiden gemalten Wasser, welches auch von oben auf das »Ich« »herabregnet« und droht, es immer weiter zu verwischen.

Da sowohl die Stärkung des Selbstwertgefühls wie auch die Fähigkeit, miteinander in Beziehung zu treten, bei dieser Art von Gruppentherapie eine große Rolle spielen, ist es für die Gruppenleiterin besonders wichtig, auf die Entwicklung eines Halt gebenden und vertrauensvollen Klimas zu achten und bei Bedarf aktiv zu intervenieren. Bei der Reflektion der Gruppenbilder zeigt sich, inwieweit jeder Einzelne Veränderungen zulassen kann oder solche befürchtet. Fragen werden besprochen: Darf der Andere meinem »Ich« näher kommen, wie reagiere ich auf Grenzüberschreitungen? Wie groß ist mein Harmoniebedürfnis, wie weit geht die Konfliktfähigkeit? Die hierbei angesprochenen Themen der Nähe-Distanz- und Selbstwert-Regulation sowie der Stabilisierung der Ich-Grenzen können in den nächsten Gruppensitzungen mit verbalen, imaginativen und bewegungstherapeutischen Methoden aufgegriffen und vertieft werden, wobei die gemeinsame Gestaltung mit Farben meist Ausgangspunkt eines offeneren Umgangs miteinander ist.

Korrespondenzadresse:

Dr. Astrid Jeising
Klinik am Hainberg
Ludwig-Braun-Str. 32
36251 Bad Hersfeld
E-Mail: *email@astrid-jeising.de*

# Autorinnen und Autoren

**Veronika Bergstein**, Dr. phil., geb. 1951, Psychologische Psychotherapeutin und Psychoanalytikerin. Seit 1994 therapeutisch tätig in der Klinik für Psychosomatische Medizin und Psychotherapie der Heinrich-Heine-Universität Düsseldorf, Rheinische Kliniken Düsseldorf tätig in der Institutsambulanz, auf der Station und in der Tagesklinik.

**Petra Gruber**, geb.1969, Dipl. Psychologin, Rheinische Kliniken Bonn, Abteilung für Gerontopsychiatrie und -psychotherapie. Arbeitsschwerpunkte: Depression und Suizidalität im Alter, Traumatherapie.

**Norbert Hartkamp**, Dr. med., geb. 1958, Arzt für Psychosomatische Medizin und Psychotherapie, Psychoanalytiker und Gruppenanalytiker (DPG, DAGG), Chefarzt der Klinik für Psychosomatische Medizin und Psychotherapie am Stiftungsklinikum Mittelrhein, Boppard. Tätigkeit u.a. im Vorstand der Deutsch-Türkischen Gesellschaft für Psychiatrie, Psychotherapie und psychosoziale Gesundheit. Wissenschaftliche Arbeiten im Bereich der Psychotherapie-Forschung, Persönlichkeits- und somatoforme Störungen, Versorgungsforschung.

**Amelie Jüttemann-Lemke**, Dr. med. Dipl.-Psych., geb. 1958, Ärztin für Psychosomatische Medizin und Psychotherapie, Psychoanalytikerin, Tätigkeit als Oberärztin in der Klinik für Psychosomatische Medizin und Psychotherapie der Heinrich-Heine-Universität Düsseldorf, Rheinische Kliniken Düsseldorf.

**Mechthilde Kütemeyer**, Dr. med., geb. 1938, Fachärztin für Psychosomatische Medizin und Psychotherapie, Fachärztin für Neurologie mit dem Schwerpunkt psychosomatische Neurologie und Erinnerungsmedizin. Psychiatrische und psychoanalytische Ausbildung in der Schweiz, neurologische und epileptologische Weiterbildung bei Prof. Janz in Berlin (1975–1984). 1985–2003 Leitung der Psychosomatischen Abteilung im St. Agatha-Krankenhaus in Köln. Wissenschaftliche Arbeiten im Bereich der psychosomatischen Neurologie, v.a. über Schmerz, Trauma, somatoforme Dissoziation. Übersetzung der Arbeit von Sigmund Freud (1893 c) zur Hysterie (1998) vom Französischen ins Deutsche.

**Ingeborg Lackinger Karger, Dr. med.**, Studium der Medizin und Kunstgeschichte in Münster und München. Niedergelassen als Psychoanalytikerin und Ärztin für Psychotherapeutische Medizin (seit 1996); zuvor tätig als Frauenärztin (1984–1996). Seit 2000 Dozentin am Institut für Psychoanalyse und Psychotherapie, Düsseldorf. Tätig zudem als freie Autorin und Medizinpublizistin, zahlreiche wissenschaftliche und journalistische Veröffentlichungen schwerpunktmäßig in den Bereichen Frauengesundheit, Schwangerschaft, Wechseljahre, Altern und Psychotherapie.

**Michael Mayer, Dr. med.**, 1965 in Erlangen (D) geboren. Tätig als Neurologe, Psychiater und Psychotherapeut in eigener Praxis in St. Gallen (CH). Supervisor für Verhaltenstherapie und kognitive Verhaltenstherapie, unter anderem auch an der Universität Zürich. Besondere Interessen: Verhaltenstherapie und Verhaltensmedizin bei Erkrankungen im höheren Lebensalter.

**Meinolf Peters, geb. 1952, Dr. phil.**, Diplom-Psychologe, Psychoanalytiker (DPG, DGPT). In eigener Praxis tätig, Projektmanager und Supervisor in der Klinik am Hainberg in Bad Hersfeld, Lehrbeauftragter an den Universitäten Marburg und Kassel, Dozent an verschiedenen Fortbildungsinstituten.

**Bertram von der Stein, geb. 1958, Dr. med.**, Psychoanalytiker (DGPT, DPG), Gruppenanalytiker (DAGG), Dozent am Institut für Psychoanalyse und Psychotherapie Düsseldorf, Arzt für Psychotherapeutische Medizin, Arzt für Psychiatrie und Psychotherapie. Von 1995 bis Ende 2003 in verschiedenen psychosomatischen Kliniken im nördlichen Rheinland u. a. in leitenden Funktionen tätig. Erfahrungen in psychosomatischer Rehabilitation und Psychotherapie mit Älteren und Migranten. Seit Mai 2003 niedergelassener Psychoanalytiker in eigener Praxis. Veröffentlichungen v. a. über Ich-strukturelle Störungen, Alkoholismus, autodestruktives Verhalten, Kriegstraumatisierungen und Migration.

**Rolf Tüschen, geb. 1959. Dr. med.**, Facharzt für Psychiatrie und Psychotherapie, Facharzt für Neurologie. Oberarzt, Rheinische Kliniken Bonn, Abteilung für Gerontopsychiatrie und -psychotherapie. Arbeitsschwerpunkte: Traumareaktivierung im Alter, Suizidalität im Alter.

**Werner Vogel,** Prof. Dr. med., geb. 1948, Internist/Kardiologe, Geriater; Facharzt für Physikalische und Rehabilitative Medizin, Ärztlicher Direktor des Ev. Krankenhauses Gesundbrunnen – Zentrum für Geriatrie und Neurologische Frührehabilitation Hofgeismar. Vorsitzender der Länderarbeitsgemeinschaft Hessen-Thüringen der BAG Klinisch-Geriatrischer Einrichtungen e. V. Außerdem Therapieausbildung in Transaktionanalyse, Kotherapeut am Institut für Klinische Psychotherapie, Uniklinik Homburg (Prof. M. Schrenck).

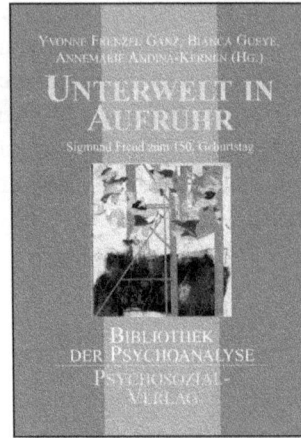

2007 · 216 Seiten · Broschur
EUR (D) 19,90 · SFr 33,90
ISBN 3-89806-588-X

2007 · 258 Seiten · Broschur
EUR (D) 19,90 · SFr 34,90
ISBN 3-89806-568-5

Nach einem Seminar mit David Becker im Michael-Balint-Institut Hamburg entstand 1996 eine ungewöhnliche Gruppenarbeit und, soweit bekannt, die einzige ihrer Art in der BRD: Ehemalige Mitglieder der RAF, Bewegung 2. Juni und aus der Unterstützerszene trafen sich 7 Jahre lang mit Psychoanalytikern und Psychotherapeuten, um über sich, ihre Beziehungen untereinander, ihre Haftbedingungen, ihre Politik und ihr Verhältnis zur Gesellschaft zu sprechen.

Daraus sind sehr persönliche, intellektuell differenzierte und politisch reflektierte, hoch spannende Beiträge entstanden, durch die dieses Buch einen guten Einblick in die Denk- und Fühlstrukturen der Einzelnen und des gemeinsamen Prozesses, in Gruppendynamik und Reflexionsprozesse bietet. Ein einzigartiges Dokument 30 Jahre nach dem »Deutschen Herbst«!

Die Psychoanalyse hat sich in den verschiedenen Sprach- und Kulturräumen vielfältig und kontrovers entwickelt. Heute beschäftigt sich die psychoanalytische Diskussion mit der Behandlung gemischter Krankheitsbilder und Grenzfällen. Die psychotherapeutische Versorgung sieht sich mit traumatisierten und psychosomatischen Patienten, narzisstischen und Borderline-Störungen konfrontiert, für deren Verständnis das klassische Modell der Neurose nicht ausreicht.

Um die Aktualität Sigmund Freuds zu diskutieren, widmet sich dieses Buch anlässlich seines 150. Geburtstags der Reflexion ausgewählter Konzepte der Freudschen Theorie, die für aktuelle Fragestellungen der Praxis relevant sind: dem Behandlungsrahmen, der Konstitution des Objekts, dem Trauma, der Psychosomatik, dem Mechanismus der Spaltung und der Sprache.

P🐚V
Psychosozial-Verlag

Goethestr. 29 · 35390 Gießen · Tel. 06 41/ 9716903 · Fax 77742
bestellung@psychosozial-verlag.de
www.psychosozial-verlag.de

www.ingramcontent.com/pod-product-compliance
Lightning Source LLC
Chambersburg PA
CBHW020615270326
41927CB00005B/353